APARECIDA

Significados e perspectivas

WAGNER LOPES SANCHEZ
(Organizador)

APARECIDA
Significados e perspectivas

EDITORA
SANTUÁRIO

DIREÇÃO EDITORIAL:
Pe. Fábio Evaristo R. Silva, C.Ss.R.

CONSELHO EDITORIAL:
Ferdinando Mancilio, C.Ss.R.
Marlos Aurélio, C.Ss.R.
Mauro Vilela, C.Ss.R.
Ronaldo S. de Pádua, C.Ss.R.
Victor Hugo Lapenta, C.Ss.R.

COPIDESQUE:
Sofia Machado

REVISÃO:
Bruna Vieira da Silva

DIAGRAMAÇÃO E CAPA:
Junior dos Santos

COORDENAÇÃO EDITORIAL:
Ana Lúcia de Castro Leite

Dados Internacionais de Catalogação na Publicação (CIP)
(Câmara Brasileira do Livro, SP, Brasil)

Aparecida: significados e perspectivas / Wagner Lopes Sanchez organizador. – Aparecida, SP: Editora Santuário, 2018.

ISBN 978-85-369-0543-3

1. Nossa Senhora Aparecida 2. Nossa Senhora Aparecida – Devoção 3. Nossa Senhora Aparecida – História I. Sanchez, Wagner Lopes.

18-15748   CDD-232.91

Índices para catálogo sistemático:
1. Nossa Senhora Aparecida: Culto: História:
Religião 232.91
Iolanda Rodrigues Biode – Bibliotecária – CRB-8/10014

1ª impressão

Todos os direitos reservados à **EDITORA SANTUÁRIO** — 2018

Rua Padre Claro Monteiro, 342 — 12570-000 — Aparecida-SP
Tel.: 12 3104-2000 — Televendas: 0800 16 00 04
www.editorasantuario.com.br
vendas@editorasantuario.com.br

Sumário

Apresentação 9
Wagner Lopes Sanchez

Prólogo: Aparecida de todos os lugares 13
João Décio Passos
Wagner Lopes Sanchez

PARTE I – REPRESENTAÇÕES E DEVOÇÕES 29

1. Nos braços de Nossa Senhora:
a arte e a ética do acolhimento 31
Claudio Santana Pimentel

2. Maria do Rosário, santa branca na devoção de negros 43
Marco Antonio Fontes de Sá

3. Os mantos de Nossa Senhora de Guadalupe e Aparecida 55
Ana Maria de Sousa

4. A devoção a Nossa Senhora do Brasil 67
Rita de Cassia Goulart Caraseni

5. Festas religiosas e devoções populares à
   Virgem Maria no Amazonas 79
   Rodrigo Fadul Andrade
   Sérgio Ivan Gil Braga

6. Uma representação de Nossa Senhora Aparecida
   na Umbanda 93
   Marcos Verdugo

PARTE II – SIGNIFICADOS E REFLEXÕES 103

7. As raízes ibéricas da devoção mariana no Brasil 105
   Neffertite Marques da Costa

8. Nacionalismos latino-americanos e a devoção Mariana 121
   Leandro Faria de Souza
   Valéria Aparecida Rocha Torres

9. A beleza simbólica das imagens marianas
   como mediação da experiência religiosa 138
   Michele dos Santos Dias

10. As representações de Maria, Mãe de Jesus,
    entre os evangélicos 154
    João Marcos de Oliveira Silva

11. O pensamento mariológico de Lutero
    no comentário ao Magnificat 170
    Thiago Vieira Nogueira

12. A maternidade virginal de Maria na redenção
de Jesus Cristo em Irineu de Lião e na *Lumen gentium* 190
Leonardo Henrique Piacente

Epílogo – A Mãe de Jesus no evangelho de João...................203
Dom Francesco Biasin

Apresentação

Para celebrar os 300 anos de história da devoção a Nossa Senhora Aparecida, entre os dias 9 e 12 de agosto de 2017, em uma parceria da Academia Marial do Santuário de Aparecida com o Programa de Estudos Pós-Graduados em Ciência da Religião, da Pontifícia Universidade Católica de São Paulo, foi realizada em Aparecida a décima primeira edição do Congresso Mariológico Internacional.

Para revelar toda a riqueza da devoção a Nossa Senhora Aparecida, a comissão organizadora decidiu que o Congresso teria um caráter interdisciplinar. O diálogo entre a perspectiva teológica e a perspectiva oriunda da ciência da religião oferece uma compreensão mais complexa da devoção a Aparecida, trazendo à tona as nuances, as dinâmicas e a possibilidades de uma devoção popular, que se consolidou ao longo de trezentos anos com o rosto do povo pobre e negro deste Brasil.

A história da devoção a Aparecida confunde-se com a trajetória do povo brasileiro que levou para os lugares mais distantes deste país a figura de uma Maria negra; não há como não reconhecer que a figura de Nossa Senhora Aparecida faz parte do cenário cultural brasileiro. A figura de Nossa Senhora Aparecida apresenta-se muito maior do que o catolicismo e ela já não pertence apenas à Igreja católica. Ela tem um lugar especial no mundo religioso brasileiro. Ela transita entre os diversos formatos religiosos e também se faz presente nas fronteiras existentes entre as práticas religiosas.

Além disso, apesar de ter o seu nascedouro no contexto do catolicismo popular e de estar vinculada estreitamente à vida dos pobres, a devoção a Aparecida se faz presente também entre os diversos grupos sociais; pessoas de diferentes classes sociais também veem nela uma figura religiosa especial.

Por todas essas razões, em certo sentido, Aparecida é uma figura-síntese da religião e do povo brasileiro. Ela reúne em si mesma a história do povo, suas características principais, a sua religião, a sua busca por mais vida e a sua resistência frente às forças que querem negar a sua dignidade. A figura de Aparecida persiste afirmando a identidade religiosa e popular de um povo que criativamente procura defender o seu modo de ser, a sua vida e os seus direitos.

Sob o olhar da teologia, Aparecida pode ser vista como uma expressão da presença maternal e da ação de Deus no meio do povo. Os milagres atribuídos a ela são compreendidos como sinais de um Deus que é solidário e que se faz história em meio às lutas para construir o reino de Deus a partir deste mundo.

Sob o olhar da ciência da religião, Aparecida é uma devoção, uma expressão religiosa profundamente enraizada na cultura popular, e é também um feixe de dinâmicas culturais e sociais que extravasam o seu viés religioso. Na devoção a Aparecida é possível perceber um conjunto de elementos que desdobram as lógicas inerentes à vida de um povo que, com seu modo de ser e com sua visão de mundo, enfrenta e resiste às adversidades históricas. A peculiaridade da devoção a Maria e do conjunto de práticas religiosas ao seu redor nos faz perceber como uma devoção popular é capaz de dialogar com as várias esferas da vida, com outros universos religiosos e ser parte de sua identidade cultural.

Como é possível notar, são diversos os aspectos sob os quais podemos examinar uma devoção popular tão rica quanto Aparecida. As igrejas construídas em sua homenagem, as festas populares realizadas para celebrar a sua data, os cantos criados para enaltecê-la, as imagens produzidas por mãos calejadas para lembrar a sua fisionomia e presença amorosa na vida do povo, revelam espaços e eventos especiais dedicados à "santa negra" e apontam para a presença de um conjunto de crenças que se consolidaram nesses trezentos anos como expressão de uma forma de apropriação popular de uma figura religiosa importante no catolicismo: a mãe de Jesus com as feições do povo. É o povo relendo a presença de Maria na sua história.

Essas diferentes realidades que nascem do chão da religião popular são sinais da pluralidade de formas de crer, assim como é plural a cultura brasileira. Justamente, por isso, mapear os detalhes da devoção popular em torno de Aparecida torna-se uma tarefa quase impossível para um pesquisador de qualquer área. O caminho da interdisciplinaridade revela não só diferentes perspectivas, mas também as diferentes riquezas de uma devoção popular.

O XI Congresso Mariológico Internacional teve como objetivo mostrar diferentes olhares sobre a devoção a Aparecida. As conferências incluídas na programação e a mesa redonda foram pensadas para garantir o caráter interdisciplinar do Congresso e contou com a contribuição da teologia, da história, da sociologia e da psicologia. Os textos dessas conferências e mesa redonda foram publicados no livro *Aparecida: 300 anos de fé e devoção*, pela Editora

Santuário. Além das conferências e da mesa redonda, o Congresso teve uma sessão de comunicações em que foram apresentados vinte e dois trabalhos.

Este livro está organizado da seguinte forma: Prólogo; Parte I. Representações e devoções; Parte II. Significados e reflexões, e Epílogo. O Prólogo – Aparecida de todos os lugares, escrito por João Décio Passos e Wagner Lopes Sanchez, apresenta a importância da abordagem interdisciplinar para a compreensão da devoção a Nossa Senhora Aparecida e nos mostra os diferentes aspectos dessa devoção examinada de uma perspectiva plural. A Parte I e Parte II contêm doze textos das comunicações que foram selecionados entre aqueles apresentados na sessão de comunicações. O Epílogo – A mãe de Jesus no Evangelho de João, contém o texto da última conferência apresentada por Dom Francesco Biasin, da diocese de Barra do Piraí-Volta Redonda, RJ.

A realização do Congresso mostrou que examinar os inúmeros meandros de uma devoção popular, tão emblemática como a de Aparecida, só pode ser possível a partir de uma perspectiva plural que considere tanto o referencial teológico como também o referencial oriundo da ciência da religião. Que as diversas contribuições contidas neste livro contribuam para a compreensão da riqueza e do significado da devoção a Nossa Senhora Aparecida!

Wagner Lopes Sanchez
(organizador)

Prólogo
Aparecida de todos os lugares

João Décio Passos[1]
Wagner Lopes Sanchez[2]

Introdução

O ano mariano celebrado na Igreja do Brasil em 2017 foi uma oportunidade de falar de novo da mãe do povo brasileiro; senhora e padroeira da grande família e, em registro político, rainha do Brasil. Essas qualificações não são exclusividades da devoção mariana nacional. Elas se fazem presentes, de fato, nos territórios de fé católica pelo mundo afora. Do afeto materno ao poder político, Maria foi invocada por onde pisavam os cristãos católicos desde os tempos antigos, assumindo os mais variados títulos e representações estéticas. No marco do cristianismo, Maria constituiu a expressão religiosa mais onipresente, mais diversificada e mais popular. Por essa razão, para os estudiosos de religião e para a própria teologia, trata-se de um objeto complexo de investigação que jamais poderá ser reduzido a uma única abordagem e, menos ainda, a uma palavra final, mesmo que inscrita na esfera dos fundamentos da fé cristã. A exuberância da imagem materna, dos homens e de Deus, o número incontável das expressões dessa rea-

---

[1] João Décio Passos é livre-docente em teologia e professor no Programa de Estudos Pós-Graduados em ciência da religião, da PUC-SP.
[2] Wagner Lopes Sanchez é doutor em sociologia e professor no Programa de Estudos Pós-Graduados em ciência da religião, da PUC-SP.

lidade nas mais diversas religiões, a antiguidade da fé mariológica, a longa temporalidade da devoção na história do cristianismo, a diversidade cultural inerente aos processos de construção das invocações, as discussões teológicas entre os distintos cristianismos a respeito da questão, as dinâmicas das mariofanias, envolvendo sujeitos e contextos diversos e a estruturação das devoções nos grandes santuários, compõem um conjunto intercultural, internacional e inter-religioso. A abordagem multidisciplinar e, quiçá, interdisciplinar torna-se necessária e urgente para que se possa entender a profundidade e amplitude do fenômeno. Alguns olhares que expressam de modo modesto essa complexidade são colocados neste texto como uma espécie de aperitivo para a leitura dos demais textos que virão a seguir.

1. O absoluto da maternidade

Na história de trezentos anos de Aparecida ela foi a Mãe que se tornou padroeira e rainha. Antes do poder, subjaz o afeto; antes do território, o colo; antes do esplendor, a proximidade. Mãe de Jesus, Mãe de Deus, Mãe dos homens, Mãe dos pobres. A mãe é o primeiro habitat dos mamíferos. Todos habitam o útero materno e, nesse espaço, experimentam as primeiras e definitivas sensações que carregarão pela vida afora. Certamente, a memória física e afetiva reproduz esse lugar primordial preservado nos inconscientes como proteção, o tempo da formação primordial dos indivíduos, com suas dores e prazeres, seguranças e inseguranças. Por isso, ao longo da existência todos gritam pela mãe: pelo colo que afaga e pelo peito que alimenta, pelo lar e pela família que protege, pela matriarca que agrega os filhos e os netos, pela mãe da nação, pela mãe da humanidade, pela Mãe do céu e da terra, pela Mãe de Deus, no universo religioso, nem mesmo Deus escapou da maternidade! Nada mais extenso que o afeto materno. Nada mais absoluto: afeto que liga Deus e a criação, ternura que abriga sem divisões o corpo e a alma, descanso definitivo que garante a continuidade entre a vida e a morte, a terra e o céu.

2. A imagem mais primordial

Todas as gerações me chamarão bem-aventurada (Lc 1,48), cantou a moça grávida ao encontrar-se com a prima a quem tinha ido prestar serviços. O evangelista Lucas não explica por que Isabel estava necessitando de ajuda. Talvez, estivesse com os costumeiros enjoos que acompanham as grávidas. Contudo, o mais importante é que a moça grávida do Filho de Deus foi fazer serviços domésticos. Tinha o Rei na barriga e foi lavar, cozinhar, moer o trigo, buscar água na fonte... A bem-aventurança que chama para si como virtude não se separa do cuidado e do serviço com quem necessitava. É serva humilde. *O poderoso olhou para a humildade de sua serva* (Lc 1,48). A mariologia lucana ensina a grandeza da mãe pobre do Messias pobre; ensina que Deus se revela nos pequenos e, no caso, no cotidiano dessas mulheres por Ele escolhidas como protagonistas no mistério da salvação. Por dentro da rotina das coisas domésticas, das coisas que eram consideradas próprias das mulheres, Deus nos visitou. Nenhuma teofania, à maneira das religiões: nenhum sinal extraordinário, nenhuma força da natureza, nenhum êxtase maravilhoso. Tudo muito humano e normal, assim como Deus sempre se revela na história humana. Na visita à prima, na porta da casa, na pequena aldeia e no meio dos pobres, Deus fala pela boca de Maria, de Isabel e de Zacarias. Deus está presente na pequenez humana; é carne na carne humana, feto no ventre de mulher e filho de família humilde. As grávidas cantam a grandeza de Deus que visita seu povo, acampa no meio dele e o liberta. Elas são as primeiras a anunciar que Deus desceu até a humanidade, encontra-se no ventre de uma mulher. O humano e a pequenez, a mulher e os pobres são os lugares da manifestação do divino. Deus se esconde no ventre de uma mulher. Um escândalo para a visão grega e uma loucura para as tradições monoteístas.

3. A imagem das águas

A Maria que "aparece" (Aparecida) na imagem pescada nas águas, pequenina, de barro, envelhecida, quebrada, descartada, feita por algum artesão popular manifesta essa mesma serva humilde. Da cisão do pequeno corpo emerge um sinal unívoco, a imagem unificada que irradia sentido e força; do velho eclode o novo, uma nova devoção da Imaculada Conceição; do descartado, a ressignificação, a Maria protetora dos pobres; do rio sem peixe, a pesca abundante; da cor envelhecida, a negra que se identifica com os escravos; da curva silenciosa do Rio a capelinha que se torna ponto de encontro; do sertão ermo de Guaratinguetá a um centro de peregrinação. Enfim, da vida do povo nascem novos significados e novas leituras em torno de Maria. E os humildes acorreram para a Virgem Aparecida em busca de socorro para as suas dores, de cura para as suas doenças, de consolo para as suas aflições, de reafirmação de seus sonhos e esperanças.

O mito de origem de Aparecida é carregado de significados teológicos. Deus eleva os humildes, cumula de bem os famintos, lembra dos pobres com misericórdia e instaura um novo tempo. Essa origem da devoção deve ser a fonte permanente de sentido para tudo o que veio depois. Essa é, precisamente, a função de todos os mitos de origem: exalar verdades que perpetuam ao longo do tempo, fazer o passado vivo no presente, alimentar o presente com suas graças, fundamentar os discursos e as práticas atuais e dar sentido para os sonhos e esperanças. Os títulos políticos e teológicos, as honras de ouro, o manto rebuscado, a exuberância dos templos, o número de fiéis, a administração pastoral e burocrática não podem esquecer, ofuscar ou deturpar este ponto inicial: *Maria é a senhora dos pobres e aflitos!* A Padroeira do Brasil é, antes de tudo, a mãe que socorre e que *apareceu* aos pescadores, pobres que serviam os fazendeiros escravocratas no sustento de suas mesas no distante sertão. A estrutura, o ritual, o discurso e a teologia que esquecerem essa verdade fundamental serão ilegítimos. A Maria que triunfa é a serva humilde. Ela apareceu na pobreza e não na riqueza, na simplicidade e não na ostentação, na curva do rio e não no oratório da casa grande, no sertão e não na capital de Colônia.

4. O sentido atual

São 300 anos de devoção. O Brasil é outra terra. O povo brasileiro é outro povo. O mundo é outro mundo. Não há mais escravos como antes, nem pescadores naquela região, nem o rio Paraíba é o mesmo. Temos outras formas de escravidão que se espalham pelo Brasil afora e pelo mundo. Há o desemprego estrutural que gera fome e dores para os mais pobres. O Paraíba e outros rios nacionais estão morrendo pelo assoreamento, pela poluição química e pelo descaso por parte do poder público. O povo brasileiro continua a escrever uma história de contradições entre ricos e pobres. Nos últimos tempos vê recuar muitos direitos que foram conquistados com muita luta. Os donos das riquezas e do poder continuam achando as formas de perpetuar seus domínios. Hoje, o povo brasileiro se encontra na curva da história em busca de uma nova pesca milagrosa que lhe permita refazer a rota rumo à justiça e à igualdade. Nessa situação a mãe da nação aparece de novo pobre com os pobres, simples com os simples, unificando o quebrado, socorrendo os aflitos, dando ânimo aos desesperançados. Nossa Senhora sempre Aparecida! Será ela princípio de unidade e de esperança. Voz profética que *sacia de bens os famintos e despede os ricos de mãos vazias* (Lc 1,53). Maria continua aparecendo no meio dos pobres e no meio da simplicidade; dentro da rotina da vida que corre como rio manso ou turbulento, no ritmo de trabalho dos pescadores, das domésticas, dos operários e na letargia dos desempregados e dos excluídos do sistema produtivo e de consenso. Maria Aparecida, porém, discreta; Aparecida, mas escondida. Sua aparição não rompe com as rotinas da vida na forma de hierofanias espetaculares, não arrebata os devotos para êxtases extraordinários e não consola como objeto de satisfação individual. Sua aparição fortalece a persistência do povo quando sabe o que quer, assim como os pescadores que queriam pescar. É Maria das dores, Maria dos aflitos, Maria dos trabalhadores, Maria de casa, Maria da rua, Maria da lavoura... Em uma palavra: Maria da vida.

5. As muitas Marias aparecidas

As inumeráveis devoções marianas que pontuam a história e a geografia católicas trazem uma característica comum: eclodem nas periferias do poder, da doutrina e das ritualidades oficiais da igreja. Essas produções da fé popular mostram que o povo é sujeito religioso; sujeito que não escreve tratados teóricos e catecismos ortodoxos, mas escreve com o coração itinerários devocionais, a partir dos mitos de origem da Virgem que se manifesta de múltiplas formas. A fé popular mostra que o povo é capaz de criar/recriar a religião a partir de seus interesses, de seus olhares. A produção é intensa e profunda; é permanente e renovadora. As mariofanias têm rostos concretos; apresentam a Mãe de Jesus com as fisionomias locais, com os traços das mães locais. Em todos os lugares em que o povo mantém viva sua devoção a Maria essa assume os traços das pessoas do lugar.

As fórmulas dogmáticas vão adquirindo concreticidades aqui e acolá. Os povos parecem não suportar uma Maria genérica e distante, ainda que, muitas vezes, tão próxima da divindade. Tanto os videntes quanto os artesãos enxergam a Maria de suas famílias, de suas culturas e de suas nações nas imagens que vão criando e oferecendo aos olhos e ao coração do povo devoto. Maria renasce no coração e na mente do povo como Mãe próxima, como acolhedora, como protetora e como padroeira. A Mãe de Deus é mãe dos povos; a concebida sem pecado e compadecida dos pecadores; a rainha assunta é mãe próxima. Não há limites para o coração que deseja afeto, carinho e socorro nas aflições e nas crises. E por essa razão também que não há limites para as fisionomias marianas. As poses, as cores, os olhos e os mantos são variadíssimos; misturam simplicidade e esplendor, expressam os padrões estéticos mais íntimos das culturas. Os povos vestem, coroam e enfeitam a Mãe com o que o que julgam mais belo e sofisticado de suas criações artísticas. A cada ano um novo manto é bordado para a Virgem de Nazaré, por ocasião de suas festividades no norte do Brasil. E cada manto novo quer ser mais belo que o anterior. É o presente mais inédito doado à padroeira como vestido de festa que será apresentado e julgado pelo gosto das massas devotas na grande procissão. Maria desfila nas ruas com esplendor e glória. Suas vestes revelam sua grandeza e sua força como Mãe que governa a vida dos pobres. É a festa dos pobres, a beleza do povo e a rainha bem-vestida que encarna em sua majestade os sonhos dos que têm pouco e fascinam-se com os espetáculos religiosos. Os mantos das Virgens latino-americanas narram a história do gosto popular das culturas locais em suas exuberâncias, muitas vezes, extravagantes. As imagens decoradas são a cara do povo. A Mãe tem a cara dos filhos. A rainha é vestida pelo povo. A estética popular vai recriando a Mãe com novas narrativas, com novos títulos e com novas fisionomias. É nesse código do afeto e da beleza que as devoções marianas avançam como uma espécie de teologia amorosa, como "mariopatia" que antecede e sucede à mariologia. Maria não para de aparecer no coração e na imaginação do povo, territórios primordiais pelos quais o povo crê e expressa sua fé. As mariofanias são as razões do coração do povo católico, razões que não pedem licença para as lógicas das cabeças dos teólogos e nem para as regras das doutrinas oficiais. Elas nascem e renascem simplesmente com a legitimidade da mãe que todos necessitam.

6. As construções marianas

Com efeito o universo das criações marianas tem longa história na arte e na devoção católica. Constitui uma esfera própria de significados religiosos dentro do sistema maior da Igreja, seja dentro da mariologia, seja dentro das ritualidades e das estéticas. Pela via mariana, a fé popular se banha das culturas locais e assimila rapidamente seus padrões, sem controles dogmáticos e sem formulações conceituais. Os numerosos títulos e invocações, as incontáveis imagens e as visões e aparições expressam essa liberdade devocional em que a criatividade assume o comando das práticas religiosas, sem maiores rigores teológicos ou, muitas vezes, sem nenhum rigor. A Maria no singular se torna muitas Marias que vão adquirindo personalidades próprias. As Marias aparecem e falam o que querem em mensagens e em símbolos. Os títulos inusitados aplicam à Mãe de Deus o que nasce da vontade do povo, sem qualquer escrúpulo sagrado, basta observar as devoções. Algumas marcadas diretamente pelas localidades em que são criadas: Nossa Senhora do Café, da Ponte e do Pilar. Outras expressam as experiências humanas mais significativas: Nossa Senhora das Dores, da Esperança, da Saúde, do Bom parto. Outras estão associadas às atividades humanas perigosas: da Boa Viagem, dos Navegantes, da Guia e da Vitória. Há, ainda, títulos que não poupam o exótico, como o de Nossa Senhora da Cabeça e do Rocio, ou expressam a humanidade mais autêntica, Nossa Senhora dos prazeres e da Boa Morte. Maria agrega na fé popular especializações sem fim. É a Mãe de todos os momentos e de todos os lugares, Mãe que cuida do nascimento e da morte, que acompanha os trabalhos e as rotinas, que protege nas viagens e até nas guerras, que cura e que consola, mas também que corrige e educa.

7. Maria do povo

Diz o povo que "quem é vivo sempre aparece". Maria é viva no coração dos povos católicos e, por isso, sempre aparece, sobretudo onde falta coração, onde falta proteção, onde os filhos exilados têm saudade da mãe, onde os órfãos suspiram e clamam por cuidado, onde a fome ameaça a vida, onde as dores e as violências se instalam sem clemências dentro da vida. Mas, as devoções marianas habitam igualmente a rotina dos fiéis católicos, quando tudo transcorre sem problemas. É a mãe presente que protege os afazeres diários e completa as vidas dos que não têm mãe. É também a mãe presente no céu que aguarda em sua glória os que atravessam dessa para a outra vida. Canta o povo no momento de entregar os seus mortos: *Com minha mãe estarei na santa glória um dia... No céu com minha mãe estarei.* Mãe na vida e na morte, nas dores e nas alegrias. Mãe total, afeto completo, proteção eterna.

Não há controles teóricos ou dogmáticos que possam frear as devoções marianas que renovam as suas imagens maternas. Por isso, as devoções marianas, com suas diferentes nuances e seus diferentes lugares, impõem-se apesar das diretrizes eclesiásticas e de eventuais proibições e se consolidam ao longo do tempo com suas compreensões próprias. Para cada momento da história, sobretudo aqueles dolorosos, a mãe tem uma mensagem própria como a Senhora do Bom Conselho. As palavras são de consolo e de correção. As mensagens de Fátima expressam essa postura; falam para uma humanidade que deve mudar a rota naquele momento de conflito dramático de 1917. Se Aparecida foi a mãe do povo brasileiro, expressão da colônia rural e do catolicismo popular dirigido pelos pobres, Fátima é a mãe do século vinte, marcado por grandes crises globais; voz profética que denuncia os pecados da humanidade, capaz de matar e destruir, e anuncia um mundo novo, construído sobre os alicerces da paz. É a devoção mariana mais universal que tem, de fato, uma mensagem para o mundo ou para a geopolítica mundial. Não por acaso, foi apropriada politicamente no contexto do conflito da Guerra Fria e, ainda hoje, frequentemente, é utilizada por grupos conservadores dentro e fora da Igreja católica. E clama a Virgem vestida de branco que "seu coração triunfará" no mundo de paz. O coração da mãe pulsa junto dos filhos, ama a todos: os que são devotos e os que são ateus, os afetuosos e os rebeldes. É a expressão da misericórdia, nome de Deus, como bem define hoje o Papa Francisco.

8. O discernimento teológico

Mãe da misericórdia abraça o mundo em Fátima, a América Latina em Guadalupe, o Brasil em Aparecida, assim como todos os países de nosso continente afro-ameríndio, com distintas invocações. Mas é, também, a mãe dos imigrantes italianos que vieram habitar de cá do atlântico: Achiropita e Caravaggio. É a mãe abrasileirada da Virgem portuguesa de Nazaré. É a mãe do Espírito Santo que protege o povo do alto do penhasco. É a mãe dos marinheiros, rainha do Paraná, Virgem do Rocio. É mãe que aceita todas as homenagens e escuta todos os gritos dos filhos aflitos.

As mariofanias avançam sem controles mariológicos no âmbito da fé popular. Por meio da devoção mariana, a fé popular constrói narrativas maravilhosas, estabelece ciclos festivos, compõe hinos, faz peregrinações, testemunha milagres, organiza associações e normatiza a vida diária. É o povo fincando em seus caminhos marcos de uma devoção que permite viver reconstruindo sua identidade como devoto de Maria. É, em certo sentido, uma teologia primeira que brota do coração dos devotos. Os mariólogos chegam depois dessas construções teológicas populares já elaboradas e consolidadas. As devoções manifestam Maria, para além dos dogmas definidos pela Igreja. No entanto, a mensagem está dada, seja por palavras de videntes, seja por simbologias de imagens. Na tarefa mariológica, nem sempre fácil é discernir essas manifestações e encontrar nelas o recado de Deus para a humanidade naqueles tempos e lugares. Essas manifestações também são perpassadas por limites, contradições e aproximações, muitas vezes, ingênuas. Seja como for, a mariologia tem o desafio de perceber nessas leituras/releituras os elementos que apontam para a presença misteriosa de Deus na história.

Por certo, a relação crítica e criativa entre o devocional e o teológico constitui um desafio permanente para a reflexão e para as definições pastorais, na Igreja de ontem e de hoje. O povo cria e vivencia suas devoções com grande liberdade e, muitas vezes, de forma paralela à Igreja católica. Cabe aos teólogos, antes de tudo, compreenderem esse universo prático e buscarem seus significados, mas também confrontá-lo com a tradição da fé cristã. A teologia é sempre um discernimento da realidade presente a partir da fé. O Vaticano II deixou a convocação a todo o povo de Deus, aos pastores e aos teólogos para fazerem o discernimento permanente dos *sinais dos tempos* (*Gaudium et spes*, 4, 11 e 44), para que a fé possa ser mais bem compreendida e anunciada nos diferentes tempos e lugares.

O campo das devoções marianas se mostra como um dos mais criativos da religiosidade popular, por si mesma, configurada como imaginário distinto do oficial e doutrinal da Igreja. Pela via mariana o povo não cessa de criar para expressar seus desejos mais profundos e suas necessidades mais urgentes. Afeto filial não tem limites legais, nenhum controle externo ao coração do filho que suspira por socorro e por carinho pode controlá-lo racionalmente. Nesse sentido, ainda que de maneira não linear, a mariologia chega sempre depois que as devoções já foram criadas, segundo suas lógicas próprias. Nem a dogmática mariana e nem a reflexão mariológica precisam autorizar a criatividade devocional popular, embora o povo viva e crie suas devoções recepcionando esse universo oficial. As devoções marianas desenham, sem dúvidas, o campo mais fecundo no qual se pode visualizar, de modo explícito ou implícito, a circularidade entre o pensamento oficial da Igreja e o pensamento popular. Isso faz com que os estudos marianos e mariológicos mereçam a atenção permanente dos estudiosos. Trata-se de uma novidade permanente a ser entendida e discernida.

9. A devoção a Maria e a tradição da Igreja

A devoção a Maria, em suas diferentes formas, está ancorada nos tempos mais longínquos do cristianismo. Alguns dos evangelhos apócrifos, que contêm narrativas sobre Maria, são testemunhos disso. O Concílio de Éfeso (431) estabeleceu como dogma que Maria era a Mãe de Deus. A decisão desse concílio e outras de concílios posteriores e papas a respeito de Maria serviram para legitimar as práticas devocionais marianas. As devoções marianas são, portanto, o resultado de dois movimentos que, muitas vezes, vivem em tensão: um que nasce da experiência religiosa do povo e outro que nasce de iniciativas da instituição com o objetivo de explicitá-las, aprofundá-las e normatizá-las.

De qualquer forma, é necessário reconhecer que uma admiração especial por Maria está na origem das devoções marianas. Muito além dos milagres atribuídos a Maria, é preciso reconhecer o carinho que as pessoas têm pela figura de Maria e o encanto que esta exerce sobre a vida dos pobres. E o povo constrói conhecimento religioso a partir dessa admiração, desse encanto. É o que na teologia denominamos de *sensus fidei* próprio do conjunto dos batizados.

O *sensus fidei* é o conhecimento que nasce da fé batismal e dá a todos os batizados a condição de sujeitos da fé. O próprio Concílio Vaticano II, na Constituição Dogmática *Lumen Gentium*, reconhece o valor do *sensus fidei:* "o conjunto dos fiéis, ungidos que são pela unção do Santo (cf. IJo 2,20 e 27), não pode enganar-se no ato de fé" (12). Francisco na exortação *Evangelii Gaudium* reitera o valor do *sensus fidei*: "como parte do seu mistério de amor pela humanidade, Deus dota a totalidade dos fiéis com um *instinto da fé* – o *sensus fidei* – que os ajuda a discernir o que vem realmente de Deus (119).

A criação das diferentes devoções marianas e de seus diferentes significados religiosos nasce, como dom gratuito, desse chão próprio a toda a fé. As devoções marianas inserem-se, portanto, nesse movimento amplo de afirmação daqueles princípios e valores fundamentais que norteiam o caminho do povo cristão.

Conclusão

Maria é mais do que essas rápidas palavras. A quantidade e a qualidade das devoções espalhadas no tempo e no espaço também o são. Maria, aparecida de todos os tempos e lugares, mostra-se como novidade permanente de expressão da fé do povo, processo aberto de elaboração que nasce do coração do povo, das vidas sufocadas e dos desejos de salvação. Não há dúvidas de que para os olhares regidos pela doutrina e pelo pensamento lógico sempre encontrarão exageros e, até mesmo, heterodoxias, nas expressões marianas. O universo popular é feito pela mistura incoerente e desordenada, pela fragmentação e pela criação livre. Com as devoções marianas não é diferente. O discernimento teológico não faz mais do que a interpretação antropológica que avança para além da superfície dos comportamentos sociais e culturais na busca de seus significados mais profundos, das causas e dos funcionamentos que os caracterizam. A perspectiva teológica precisa olhar para a complexidade das devoções marianas antes de tudo de forma compreensiva e, depois, criticamente para perceber além das aparências seus valores mais profundos apesar de seus limites e eventuais contradições.

Por fim, as palavras de Francisco no vídeo preparado para saudar os peregrinos que estavam em Aparecida, no dia 12 de outubro, para a celebração dos 300 anos, pode ajudar a teologia a olhar a devoção a Nossa Senhora Aparecida a partir de seu principal significado: "em Aparecida [...] aprendemos a conservar a esperança, a deixar-nos surpreender por Deus e a viver na alegria.[...] No Santuário de Aparecida e em cada coração devoto de Maria podemos tocar a esperança que se concretiza na vivência da espiritualidade, na generosidade, na solidariedade, na perseverança, na fraternidade, na alegria que, a sua vez, são valores que encontram sua raiz mais profunda na fé cristã".

Referências bibliográficas

CONCÍLIO VATICANO II. *Compêndio do Vaticano II*. Constituições. Decretos. Declarações. 30 ed. Petrópolis: Vozes, 1968.
FRANCISCO. Exortação Apostólica *Evangelii Gaudium*. São Paulo: Paulinas, 2013.

PARTE I

REPRESENTAÇÕES E DEVOÇÕES

1

NOS BRAÇOS DE NOSSA SENHORA:
a arte e a ética do acolhimento

Claudio Santana Pimentel[1]

Introdução

É possível dizer, independentemente de convicções religiosas pessoais, que o cristianismo ofereceu à humanidade, e, em particular ao Ocidente, uma pedagogia do sofrimento. E o fez não somente mediante o discurso religioso e a liturgia. Parte significativamente importante dessa aprendizagem encontra-se nas artes visuais. "O cristianismo reconhece a capacidade da melhor arte em dar forma à dor e, dessa maneira, atenuar o pior dos nossos sentimentos de paranoia e isolamento" (Botton, 2011, p. 188). A fé em Jesus Cristo proporcionou, no decorrer de séculos até o presente, a aprendizagem de sentimentos, em especial daqueles que se apresentam quando nos encontramos mais vulneráveis e mesmo indefesos.

A imagem de Maria acolhendo o filho retirado da cruz em seus braços tornou-se símbolo, hipérbole da experiência humana do sofrimento. De acordo com Miri Rubin:

---

[1] Doutor em ciência da religião pela PUC-SP. Integra os grupos de pesquisa Veredas – Imaginário Religioso Brasileiro e CECAFRO (PUC-SP).

[...] sem ela a Crucificação pareceria incompleta. Maria era tão importante para a apreciação da Paixão que, por volta do século XIV, uma nova maneira de representar essa tristeza surgiu, a Pietá: Maria lamentando seu filho, seu corpo morto em seu colo. Não a interpretação de um momento registrado na Escritura, mas uma condensação da dor de Maria e do sacrifício de seu filho – começando no colo dela e encerrando-se com um convite à participação do espectador compassivo. (Rubin, 2009b, tradução minha)

Inegavelmente, a mais famosa de todas essas representações é a *Pietá* esculpida por Michelangelo (1499), que se encontra na Basílica de São Pedro, em Roma. Artistas não menos importantes, como El Greco (1575) e Eugène Delacroix (1850), também retrataram a *Pietá*.

O século XX, no entanto, parece ser marcado por uma transformação na maneira como a temática da *Pietá* foi trabalhada. O motivo religioso deixa de figurar de maneira exclusiva e por si mesmo para expressar e dar sentido às experiências concretas de sofrimento e desespero da humanidade. Acredito ser possível encontrar em *Guernica*, de Pablo Picasso, a primeira grande leitura da *Pietá* desde esse novo ponto de vista.

No Brasil, especialmente, o recurso à imagem de Nossa Senhora com Jesus morto em seus braços parece ter sido decisivo para a expressão estético-ética de muitos artistas: desde Cândido Portinari, em seu quadro-denúncia *Criança Morta* (1944), passando por Ariano Suassuna, na peça sobre o flagelo da terra *Uma mulher vestida de sol*, chegando até Chico Buarque, com a canção-lamento *Meu Guri* (1981). Obras que tematizam o desespero diante do absurdo da existência, mas nas quais emergem, senão a esperança, ao menos o acolhimento.

Ética-estética do acolhimento

A arte ocidental, no século XX, retomou o tema da *Mater Dolorosa* em diversos momentos. Destacarei neste texto, especialmente, sua recorrência na arte brasileira. Antes, porém, para destacar a potencialidade universal dessa imagem, como ela, de fato, ensinou ao Ocidente a lidar com a experiência do sofrimento e com a impotência diante do absurdo da existência (cf. Camus, 2005), debruço-me sobre *Guernica*, o famoso mural de Pablo Picasso.

Seu motivo é conhecidíssimo. O bombardeio da Força Área alemã sobre a cidade basca de Guernica, demonstração de força e ensaio pré-guerra mundial, que se aproximava, e também apoio militar decisivo para o desfecho da Guerra Civil Espanhola, que terminou com a instituição da ditadura fascista de Franco (cf. Higuet, 2012, p. 96-97).

Em meio ao desespero da cena, pode-se perceber, à esquerda do observador, a imagem de uma mulher, aos prantos – como quase todos no quadro. Essa mulher tem em seus braços uma criança. Desfalecida, talvez morta. Teria Picasso buscado na imagem de Nossa Senhora a referência para essa expressão de dor, dor de uma mãe, dor de um povo, dor da humanidade?

Sua posição na composição da cena, porém, é discreta. Não é a mulher com a criança no colo que chama a atenção do espectador, particularmente. É a composição como um todo que se impõe. Picasso não deixa ao observador alternativa que não se deter diante do horror da guerra. Ao mesmo tempo, ainda que em relance, a expressão de sofrimento de cada personagem que compõe a cena – a mulher com a criança nos braços – mas também as demais figuras, humanas e animais, trazem em seu semblante o sofrimento, o desespero, diante do absurdo. As expressões particulares ajudam a formar e a reforçar o todo.

A grande novidade que Picasso oferece em sua representação – ainda que secundária, lateral – do tema clássico da *Pietá* está em inseri-la em um contexto, que já não é o do Calvário de Cristo. Não se trata mais de representar o drama da Mãe de Jesus, mas de, referindo-se a ele, tentar representar o drama diante de nós. É o drama que o ser humano, na Modernidade, infligiu a si mesmo; mas, talvez, seja correto dizer, trata-se do calvário das gentes.

Uma interpretação bastante distante da que propomos aqui é realizada por Etienne Alfred Higuet (2012, p. 96-103). Em sua leitura, apresenta a intepretação protestante que Paul Tillich faz de *Guernica* (p. 99-103). *Guernica* seria uma expressão radical do Protestantismo, porque "mostra a situação humana sem qualquer disfarce, como ruptura, dúvidas existenciais, vazio e falta de sentido. Ora, o protestantismo significa, antes de tudo, que temos de olhar a situação humana em sua profundidade de alienação e desespero" (p. 101). Trata-se de uma leitura coerente, à luz da mentalidade protestante, e, talvez principalmente, da Modernidade (essa mesma credora do Protestantismo). Permito-me, no entanto, discordar, em parte, da seguinte afirmação: "E, embora ela não tenha *nenhum conteúdo religioso*, tem estilo religioso em um sentido intenso e profundo" (p. 101, grifo meu). O estilo religioso, para Higuet, apoiando-se em Tillich, vem do Protestantismo.

Quanto à ausência de conteúdo religioso, parece ter escapado, aos dois profundos leitores, a referência, ainda que discreta, secundária, feita por Picasso à *Pietá*.

Agora, o que acontece quando a imagem da mulher com a criança em seus braços passa ao centro da tela? A resposta encontra-se em Cândido Portinari e em sua obra intitulada, justamente, *Criança Morta*:

Mais uma vez, é a dimensão do desespero que domina a cena. Esse agora se deve a outro exercício de violência, que não a da guerra: a violência da seca, a lógica do oportunismo político e da exclusão. Ainda assim, trata-se, fundamentalmente, da violência econômico-política. É verdade que o quadro, em si, oferece poucos elementos que permitam a sua contextualização. Exige-se do espectador, para plena compreensão da tragédia sertaneja, o conhecimento prévio do contexto. É o conhecimento da situação do retirante, da migração forçada, que permite ao espectador contextualizar e compreender a cena. Por si, o quadro exige perguntar: como essas pessoas ainda conseguem chorar? O choro parece ser o índice do que permanece de humanidade nessas personagens; seus corpos, mirados atentamente, confundem-se com a terra árida que tentam atravessar. Haveria ainda esperança?

É a esperança em meio ao absurdo da condição humana que move a obra teatral de Ariano Suassuna. Sua primeira peça, *Uma mulher vestida de sol* (escrita em 1947, reescrita dez anos depois), trata da luta em meio a uma terra pobre e opressora: "Pobreza, fome, fadiga, o amor e o sangue, a possessão das terras, as lutas pelas cabras e carneiros, a guerra e a morte, tudo o que é elementar no homem está presente nesta terra perdida" (Suassuna, 2006, p. 40).

Luta pela vida em uma terra que aparece, antes e acima de tudo, como inimiga. Luta entre as gentes, pelo pouco que essa terra árida oferece. A luta pela terra é o tema central da peça. Entre duas famílias, que mantêm, no entanto, vínculos de parentesco, mas ainda assim não encontram outra solução que não o conflito.

Pode-se aproximar as representações de Suassuna e Portinari por um outro aspecto: para ambos, o transcendente abre caminho em meio à desumanização: em Suassuna, a desumanização se manifesta na redução do humano ao animal e na onipresença na morte. São desfeitos os limites entre o natural e o simbólico, pela redução ao primeiro (cf. Pimentel, 2010, p. 68-70). Em Portinari, percebe-se a desumanização na composição das personagens, que parecem confundir-se com a terra. O que fica ainda mais evidente em *Os retirantes* (1944).

Discuti anteriormente que *Uma mulher vestida de sol* é uma peça de Suassuna na qual a presença da transcendência religiosa não acontece no decorrer da encenação (Pimentel, 2010, p. 35). Apenas na última cena há uma abertura para o transcendente: quando Rosa dá fim à própria vida, para, dessa maneira, encerrar a sequência de violências. Sua última fala: "Peçam a Nossa Senhora para que minha morte seja perdoada!" (Suassuna, 2006, p. 191). Abre-se, com a morte de Rosa, a possibilidade do transcendente e da redenção. Assim indica o autor na rubrica: "Junto ao corpo de Rosa, aparece a figura de Nossa Senhora, com os braços abertos como se estivesse a envolvê-la com sua infinita piedade" (Suassuna, 2006, p. 194).

Mas não é apenas Suassuna a trazer a Mãe de Deus e seu acolhimento para o cotidiano. E, nesse cotidiano, a onipresença da violência e do absurdo, enfim, da desesperança. Chico Buarque, em sua canção, apresenta o não sentido em meio ao cotidiano, e o faz, sobretudo, mediante a voz da mulher.

Sobre o discurso feminino em Chico Buarque, ninguém expôs melhor do que Adélia Bezerra de Meneses:

> É inegável que a canção de Chico privilegia a fala da mulher, assim como na galeria das suas personagens sobressai o marginal como protagonista, pondo a nu, desta maneira, a negatividade da sociedade. Suas composições tornam-se, por força dessa escolha, a oportunidade para um exercício de crítica social exercida, no mais das vezes, através das ricas modulações de que se reveste sua ironia (satírica, paródica, alegórica). [...] os despossuídos têm voz e vez: sambistas, malandros, operários, pivetes, mulheres. Mulheres. O seu discurso dá voz àqueles que em geral não têm voz. Assim, encontramos o tema das mulheres vinculado ao tema da marginalidade social. (Meneses, 2001, p. 41)

Sendo os despossuídos os protagonistas de Chico Buarque, encontramos em uma de suas canções, *Meu Guri*, o discurso em que uma mãe pobre, analfabeta e favelada consola seu filho. Sobretudo, tenta consolar-se. Mais uma vez, seguimos Meneses:

> Ainda dentro do que convencionei chamar a "ordem do trágico", está a mãe de Meu Guri (1981), essa patética canção narrativa protagonizada pela mãe de um marginal, favelado do morro, que desconhece a condição e a real condição do "batente" de seu filho – aliás, que na sua ingenuidade, tudo ignora, inclusive, e sobretudo, a sua morte de menor infrator, que vira notícia de jornal ("Ele disse que chegava lá"). (Meneses, 2001, p. 60)

Quando Meneses destaca o caráter patético da canção, não se trata, como atualmente se tende a pensar, do risível, ou mesmo do ridículo, mas do *pathos*, da paixão (que não se confunde ou reduz à paixão romântica), daquilo que nos atinge de maneira mais profunda. "Eu consolo ele/ ele me consola/ Boto ele no colo pra ele me ninar/ De repente acordo, olho pro lado/ E o danado já foi trabalhar..." (Buarque, 2006, p. 319).

Claro que se pode contestar, dizendo que nada há que permita aproximar da *Pietá*, de Maria com Jesus em seus braços, da mãe simples, até mesmo simplória, da favela carioca, que tenta compreender o destino infeliz de seu filho. Pode-se, porém, pensar aqui a partir da categoria deleuziana de *dobra* (Deleuze, 2007), de maneira mais explícita (por exemplo, em *Uma mulher vestida de sol*) permite perceber esse desdobramento, quando a imagem da *Pietá* é abertamente evocada; mas quando esse desdobramento se mostra discreto, exige do espectador um referencial cultural que lhe permita percebê-lo, como acredito estar presente em *Guernica*, em *Criança Morta* e também em *Meu Guri*.

É no domínio da emoção que o artista busca despertar no espectador que se pode pensar o desdobramento que leva da imagem mariana à imagem da mãe favelada – e ainda a mãe aos prantos em meio ao bombardeio, a mãe retirante, a Nossa Senhora sertaneja. Aqui pode se retomar, a partir das observações de Miri Rubin sobre a construção tardo-medieval do imaginário mariano, a ideia inicial de uma pedagogia, não somente do sofrimento, como afirmei, mas dos sentimentos e da experiência humana, para a qual a figura de Maria e suas dobras – potencialmente infinitas, ao se acompanhar Deleuze – revelam-se fundamentais:

Imagens devocionais são fontes que oferecem identificações, um pouco reflexivas – incitando a questão "poderia ser comigo?" – diretiva, atraente e para nós abundante. Imagens de Maria são particularmente ricas em oferecer oportunidades de identificação. Muito do que foi dito sobre Maria, mais do que sobre seu filho, foi expresso na linguagem da *mimesis*, um registro emocional de comunicação. Exemplo, imitação e compaixão são as lições emocionais ensinadas pelos escritos devocionais. Momentos para reflexão sobre maternidade, casamento, virgindade, nutrição e luto, foram todos oferecidos ao redor da bem conhecida e amada figura de Maria. (Rubin, 2009a, p. 79-80, tradução minha)

Considerações finais

A imagem de Maria tendo o filho em seus braços contribuiu no decorrer de séculos, e parece ainda contribuir, para o desenvolvimento da experiência humana. O cristianismo ensinou as pessoas a lidarem com a dor, o desespero, o sofrimento, mas também com a alegria e a esperança, como críticos tão diferentes quanto Tillich, Botton e Rubin perceberam.

No entanto, foi sobretudo no domínio da arte que se conseguiu enfatizar o significado da experiência de uma mãe que lamenta o filho morto em seu colo. Pablo Picasso, refere-se a ela discretamente, em seu mural *Guernica*, denúncia das atrocidades da guerra que atinge uma população indefesa. Particularmente, no contexto brasileiro, artistas como Ariano Suassuna e Cândido Portinari recorreram à imagem mariana para denunciar o absurdo da morte causada pela exploração da terra por meio do latifúndio. Chico Buarque a atualiza em sua dimensão trágica, trazendo seu lamento para o Brasil urbano e periférico, cantando o morro carioca como uma nova Palestina, onde jovens pobres continuam a ter suas vidas dispensadas conforme os interesses do império. Se essas imagens podem ser consideradas, como faço aqui, constituintes de uma ética-estética do acolhimento, absolutamente terrível é constatar sua atualidade, diante dos massacres que continuam a acontecer, no campo ou na cidade, recebam ou não o estatuto da guerra.

Referências bibliográficas

BOTTON, Alain de. *Religião para ateus*. Rio de Janeiro: Intrínseca, 2011.
BUARQUE, Chico. *Tantas palavras*. São Paulo: Companhia da Letras, 2006.
CAMUS, Albert. *Le mythe de Sisyphe:* essai sur l'absurde. Paris: Gallimard, 2005.
DELEUZE, Gilles. *A dobra:* Leibniz e o Barroco. 4. ed. Campinas, SP: Papirus, 2007.
HIGUET, Etienne Alfred. Interpretação das imagens na Teologia e nas Ciências da Religião. In: NOGUEIRA, Paulo Augusto de Souza (org.). *Linguagens da religião*: desafios, métodos e conceitos centrais. São Paulo: Paulinas, 2012, p. 69-106.
MENESES, Adélia Bezerra de. *Figuras do feminino na canção de Chico Buarqu*e. 2. ed. Cotia, SP: Ateliê Editorial, 2001.
MURAD, Afonso. *Maria, toda de Deus e tão humana*. 3. ed. São Paulo: Paulinas; Valência: Siquem, 2009.
PIMENTEL, Claudio Santana. *Humanização do divino, divinização do humano*: representações do imaginário religioso no teatro

de Ariano Suassuna. (Dissertação). Mestrado em Ciências da Religião. 2009. São Paulo: Pontifícia Universidade Católica de São Paulo.

RUBIN, Miri. *Emotion and devotion*: the meaning of Mary in medieval religious cultures. Budapest: Central European University Press, 2009a.

_____. *Mother of God:* a history of the Virgin. New Haven: Yale University Press, 2009b. [e-book].

SUASSUNA, Ariano. *Uma mulher vestida de sol*. Ilustrações de Zélia Suassuna. 4. ed. Rio de Janeiro: José Olympio, 2006.

2

MARIA DO ROSÁRIO, SANTA BRANCA NA DEVOÇÃO DE NEGROS

Marco Antonio Fontes de Sá[1]

A imagem da santa surgiu na água... Os brancos ficaram sabendo e foram lá, tentar tirá-la com música, mas a santa não veio com eles. Os negros, então, pediram autorização dos brancos para tentar. Fizeram uns instrumentos rústicos, como podiam, e foram lá tocar para a santa. E ela veio com eles para a igreja.

Resumidamente, é esse o mito fundador que vai dar força à maioria das festas do Rosário, principalmente no congado mineiro. Ele é citado por quase todos os autores que tratam das festas dedicadas a Nossa Senhora do Rosário em Minas Gerais[2], onde acontecem com mais frequência.

Todavia, o mito se desdobra e é contado com pequenas variações, dependendo de onde está aquele que conta. A água pode ser do mar ou de um rio e em algumas narrativas a santa pode surgir até na mata ou nas pedras, e não na água.

Leda Maria Martins, em seu livro *Afrografias da Memória*, relata seis narrativas para esse mesmo mito, obtidas em apenas duas das mais tradicionais comunidades congadeiras: os Arturos e os

---

[1] Marco Antonio Fontes de Sá é fotógrafo, mestre e doutorando em ciência da religião pela PUC/SP.
[2] Nos outros estados em que fotografei, a maioria das festas era dedicada a São Benedito e, portanto, esse mito não é festejado.

Jatobás, ambas na cidade de Betim, MG. As variações entre as seis não são significativas em relação ao surgimento da santa, que em todas as narrativas apareceu na água. Mas há variações sobre o grupo de negros que a retirou e como isso aconteceu.

A primeira narrativa, que foi a única obtida na comunidade dos Arturos, e a quarta são as que mencionam o Candombe[3]. A terceira e a quarta mencionam as guardas Moçambique e Congo e a função de cada uma. A quarta explica ainda por que o Candombe foi substituído pelo Moçambique já que os tambores[4] do Candombe são muito pesados para serem transportados. Nessa versão, o narrador afirma que na retirada da santa havia negros de todas as nações, menos os Nagô[5].

As narrativas 4 e 6 contam ainda um mito da origem do rosário, formado pelas lágrimas que a santa derramou quando viu os negros apanhando, por causa da inveja dos brancos que não conseguiram tirá-la da água. As lágrimas, ao caírem no chão, transformaram-se nas contas do rosário. As narrativas 5 e 6 são as mais curtas e parecidas com a minha descrição. A versão que organiza o Congado no centro oeste e sul de Minas Gerais, incluindo a região de Betim e da grande Belo Horizonte (onde estão os Arturos e os Jatobás) é de que quem tirou a santa da água foram os Moçambiques, depois dos brancos e dos Congos tentarem sem nenhum resultado, embora esses últimos tenham feito a santa se mexer. Congos e Moçambiques tocam os tambores em um ritmo diferente. O Congo tem um ritmo mais ligeiro e o Moçambique mais lento e choroso.

---
[3] O Candombe, que nada tem a ver com Candomblé, é uma outra festa dentro da festa do Rosário. Para saber mais, recomendo a leitura do trabalho de Edmilson de Almeida Pereira – Os tambores estão frios.
[4] O Candombe usa três tambores, escavados em troncos de árvores. São, por isso, muito pesados para serem transportados. Todavia, na maioria das festas do Vale do Jequitinhonha, são tambores como esses, os usados pelos Tamborzeiros.
[5] Africanos trazidos da África Sudanesa, cujos principais representantes foram os Yorubá.

A procissão do Congado do centro oeste e sul mineiro se estabelece assim, com a guarda[6] de Congo indo na frente, abrindo o caminho, enquanto a guarda de Moçambique[7] vem depois, levando o andor, os reis e a corte. Como vai na frente, os capitães[8] do Congo levam nas mãos uma espada e, normalmente, os integrantes dessa guarda têm nas suas roupas e chapéus os espelhos que, como já vimos, são portas entre o mundo dos vivos e dos mortos, afastam o mal e abrem os caminhos.

Glaura Lucas, em sua pesquisa focada nos ritmos do congado da região de Betim, MG, explica com clareza a organização das procissões.

> Nos cortejos, portanto, é o Moçambique que conduz reis e rainhas, privilégio conquistado por ter resgatado a imagem do mar, ou por representar o Candombe, sendo assim, o primeiro na hierarquia. Ele toca e desloca-se devagar, pois foi assim que a santa foi retirada das águas. Os moçambiqueiros são os que detêm os segredos e os mistérios e seus cantos rememorizam a África e os antepassados. A guarda de Congo segue sempre à frente e, com sua movimentação rápida, saltitante, motivada sobretudo pelo ritmo do Dobrado, tem a função de abrir e limpar os caminhos para que o Moçambique e o reino coroado possam passar. (Lucas, 2002, p. 59)

---

[6] Guardas é o nome que se dá a um grupo em uma congada. Além das guardas de Congo e Moçambique, podem acompanhar o cortejo guardas de Catopés, Vilãos e Marujos. Esses grupos têm uma representação estética e um significado sobre os quais falaremos adiante.

[7] Nas festas mineiras dedicadas a Nossa Senhora do Rosário, em que há guardas de Congo e Moçambique, todas as outras devoções que também estejam na festa precisam seguir a mesma regra, isto é, um andor de São Benedito tem que ser levado por uma Guarda de Moçambique de São Benedito, que segue atrás da Guarda de Moçambique de Nossa Senhora do Rosário, que por sua vez segue a guarda de Congo, cuja função é abrir o caminho e que não leva andor nenhum.

[8] As lideranças das guardas são normalmente chamadas de capitães e, eventualmente, de mestres.

Leda Maria Martins, que estudou as mesmas comunidades que Glaura Lucas, e faz parte da comunidade dos Jatobás, também explica a organização dos cortejos nas festas do Rosário.

As guardas de Congo abrem os cortejos e limpam os caminhos, como uma força guerreira de vanguarda. O Moçambique, alçado como líder dos ritos sagrados e guardião das coroas que representam as nações africanas e a senhora do rosário, conduz reis e rainhas. [...] Assim como ressoam nos cantares, o Congo "é o que não bambeia", mas o Moçambique é o "dono da coroa". (MARTINS, 1997, p. 57, 58)

Ainda falando da organização das procissões nas festas do reinado mineiro, Pereira, em seu livro *A flor do não esquecimento*, também faz uma afirmação semelhante à de Glaura Lucas e acrescenta um sensível paralelo entre a procissão e as águas.

A configuração estética de ritual atende, em princípio, à demanda das narrativas sagradas, como se vê, por exemplo, na disposição dos ternos de Congo e Moçambique. O colorido e a movimentação intensa do Congo contrastam com a dualidade de azul e branco e o movimento cadenciado do Moçambique. O fato de um terno específico preceder o outro nos cortejos define a série de alternâncias colorido/bicolor, acelerado/cadenciado que produz uma sensação estética similar às ondulações das águas [...]. (GOMES, PEREIRA, 2010, p. 67/68)

Todavia, Minas é um Estado muito grande e a festa dedicada a Nossa Senhora do Rosário tem configurações diferentes em cada região, podendo ser afetada até pela geografia do lugar. No Vale do Jequitinhonha, em algumas cidades às margens de rios, a abertura da festa é feita com a encenação da retirada da imagem das águas do rio.

A Santa que sai da água

Santos de origem e descendência africana, tais como São Benedito, Santo Elesbão e Santa Ifigênia, foram usados pelos missionários para difundir o cristianismo entre o Bantus, aproveitando-se de uma analogia com os ancestrais falecidos que, para o Bantos, faziam a ligação entre mundos natural e sobrenatural de modo semelhante ao papel dos santos no catolicismo popular. Embora Nossa Senhora do Rosário não fosse negra, a devoção a ela se difundiu já na África e entre africanos levados como escravos para Portugal e trazidos para o Brasil.

O mito da imagem de Nossa Senhora saindo das águas e sendo transportada pelos negros tem uma forte ligação com a cosmologia Bantu e com a consciência da escravidão.

Para os Bantus os mundos natural e sobrenatural eram separados por uma linha chamada Kalunga. Essa separação se configurava como a imagem de uma paisagem refletida nas águas serenas de um lago. O mundo natural era o de cima e o sobrenatural, o de baixo. A linha que separava as duas imagens, e consequentemente os dois mundos, era a Kalunga.

Por conta disso, toda superfície reflexiva tinha o poder de permitir uma ligação entre os dois mundos.

Souza lembra essa importância, associando-a ao resgate da imagem.

Do mar, que unia a colônia à mãe África, que separava o mundo dos homens do mundo do além, do qual vinham todo o conhecimento e ventura, emergiu a imagem da santa, mãe de Jesus, filho de Deus e mensageiro de sua palavra à qual os negros haviam se convertido ao serem escravizados, ou mesmo antes, ao serem alvo da catequese católica que tivesse alcançado sua aldeia natal, seja por meio de padres europeus, seja por meio de catequistas africanos. (SOUZA 2006, p. 310)

Martins também aborda com uma delicadeza poética a questão, mostrando o quanto essa tradição e o rito a ela associados têm um significado místico e social.

Ao retirar a santa das águas, imprimindo-lhe movimento, o negro escravo performa um ato de repossessão, invertendo, no contexto da hagiologia religiosa, as posições de poder entre brancos e negros. A linguagem dos tambores, investida de um ethos sagrado, agencia os cantares e a dança, que metonimicamente se projetam como ícones e símbolos na complexa rede de relações sígnicas, invertendo na letra do mito o alfabeto do sagrado, prefigurando uma subversão da ordem e hierarquias escravistas. (MARTINS, 1997, p. 56)

Importante constatação do trabalho de campo é que, enquanto essas três autoras (Lucas, Martins e Souza) falam da aparição da imagem nas águas tal como um mito fundador (pertencente ao passado), na prática, nas cidades do vale do Jequitinhonha próximas a um rio, a encenação desse mito dá início à festa e, portanto, é algo muito presente. Por outro lado, a configuração das procissões nessas cidades é organizada apenas pela Irmandade e pelos músicos chamados tamborzeiros ou tambozeiros, sem as diferentes guardas de congo e moçambique mencionadas anteriormente por Marina de Mello e Souza, Leda Maria Martins e Glaura Lucas. Como já dissemos, o estado de Minas Gerais é tão grande que a mesma devoção aparece com configurações diferentes, dependendo do lugar em que se realiza. É de se esperar que isso aconteça. Em mais de três séculos de escravidão, os vários grupos de escravizados que iam chegando encontravam uma realidade devocional diferente a cada tempo, que os modificava e era modificada por eles. Anderson de Oliveira também trata sobre isso.

> Não se pode esquecer que os africanos que chegaram ao Brasil eram oriundos de universos culturais múltiplos e distintos e, com certeza, as suas reações diante do catolicismo foram diversas. Por outro lado, os agentes católicos da catequese apresentaram perspectivas diferenciadas na forma de compreender e de agir no universo colonial. Embora pertencentes aos quadros da Igreja, os projetos e métodos privilegiados por jesuítas, franciscanos, carmelitas e outros, foram variados. (OLIVEIRA, 2008, p. 34)

Há de se lembrar com destaque a região de mineração de ouro e diamantes, da qual o Vale do Jequitinhonha faz parte, onde até o clero foi proibido de permanecer[9].

Souza estudou a formação dessa realidade no Brasil colônia. Martins e Lucas olharam para a devoção atual, mas apenas em comunidades de Betim, na grande Belo Horizonte. Pouco há sobre o Vale do Jequitinhonha, com suas poéticas singularidades, e onde nenhuma dessas autoras ou mesmo a maioria dos autores do nosso referencial teórico esteve.

---

[9] Sem o clero, o catolicismo que floresceu nessas áreas específicas era o popular, organizado pelas Irmandades e estruturado nos mitos fundadores e no senso comum.

De qualquer modo, o mito se realiza, seja por meio da encenação literal com a busca da imagem no rio, seja por meio da procissão, em que o posicionamento e a função das guardas o comemoram. Efetivamente, essa é uma demonstração de como a cultura popular e o senso comum se adaptam com o que têm para celebrar seus ritos.

Apesar da importância de Maria como mãe do Salvador no contexto católico, o mito da imagem saída das águas surge como uma nova história, com um novo começo que, sem desprezar a importância da narrativa bíblica, normalmente inacessível aos escravizados, que certamente a conheciam apenas pelos sermões dos padres, aproxima a Virgem do Rosário da comunidade dos escravizados, tanto no tempo como no espaço. É compreensível a necessidade desse mito fundador e aproximador[10], já que os conceitos de pecado, salvador e mãe de um salvador não faziam parte da cosmologia de nenhum povo africano.

Quem é Nossa Senhora do Rosário?

A prática da oração com o rosário foi propagada pelos Dominicanos (sec. XIII) a partir de uma visão tida pelo fundador da Ordem, em que Nossa Senhora o orientava a fazer essa propagação.

Os Dominicanos difundiram essa devoção na Europa e na costa africana do Oceano Índico, mas o rosário virou instrumento de catequese adotado por todas as ordens missionárias na África e no Brasil.

---

[10] Uma aproximação mais intuitiva acontecia quando a devoção era a um outro santo como Benedito ou Ifigênia.

A iconografia de Nossa Senhora do Rosário tem, pelo menos, duas versões[11] muito utilizadas nas festas. Uma, possivelmente associada à mudança feita no século XVI, pelo papa Gregório XIII, que trocou o nome de uma festa dedicada a Nossa Senhora das Vitórias, para Nossa Senhora do Rosário. Nessa representação Maria está de pé, com o menino Jesus em um dos braços e o rosário na outra mão.

A segunda imagem muito usada é chamada de Nossa Senhora do Rosário de Pompeia[12] e apresenta Maria sentada, também com o menino Jesus em um braço entregando o rosário a São Domingos (1170-1221) e Santa Catarina de Siena[13] (1347-1380), que estão ajoelhados ao seus pés.

Nas festas que acompanhei, essa segunda imagem raramente aparece como uma escultura. Em geral, ela é pintada nas bandeiras usadas pelas guardas de Nossa Senhora do Rosário e nas que são elevadas nos mastros no início das festas.[14]

As Irmandades dedicadas a Nossa Senhora do Rosário foram as mais numerosas entre os negros, não só no Brasil, como também em Portugal, desde o século XV e XVI, como já dissemos anteriormente.

Quintão explica que, em Portugal, essas irmandades foram criticadas pelas homônimas constituídas por homens brancos, que acusavam os Dominicanos de as terem permitido.

---

[11] A rigor, nas aparições de Maria em Lourdes (1858) e em Fátima (1917), ela também incentiva a oração com o rosário e, portanto, nesses dois casos temos também uma figura de Nossa Senhora do Rosário. Encontrei ainda referências a Nossa Senhora do Rosário da Guatemala e a Nossa Senhora do Rosário de San Nicolas, mas essas não estão de nenhuma forma associadas ao tema deste texto.
[12] Pintura de origem desconhecida, encontrada no final do século XIX, nas ruínas de uma igreja em Pompeia, e que foi restaurada e difundida pelo beato Bartolo Longo. Por isso o seu nome.
[13] Monja dominicana que também difundiu a oração com o rosário.
[14] O início das festas, em qualquer lugar do Brasil, é sempre marcado pela elevação do mastro com a bandeira do(s) santo(s) a quem a festa é dedicada.

Segundo a autora:

> A reclamação dos brancos contra essa separação demonstra que as irmandades dos homens negros foram fundadas espontaneamente, a partir do momento em que eles tornaram-se suficientes numerosos e capazes de manter seus grupos próprios. (QUINTÃO, 2002, p. 39)

Nas festas que fotografei nos últimos dez anos, a devoção a Nossa Senhora do Rosário continua muito forte em Minas Gerais onde há muitas festas dedicadas exclusiva ou prioritariamente a ela, em um ciclo que vai do final de agosto ao final de outubro[15]. Em outros estados ela também aparece, com frequência associada a outros santos, especialmente São Benedito, sem dúvida alguma, o segundo mais popular padroeiro na história das Irmandades.

Por 350 anos de escravidão, homens e mulheres negros elegeram Nossa Senhora do Rosário como sua padroeira e em seu nome organizaram-se em irmandades que permitiram o resgate da dignidade roubada pelo tráfico negreiro. Coroavam seus reis e rainhas, sepultavam seus mortos e tocavam seus tambores, como era feito na África. Ainda hoje, as irmandades existem e fazem memória de um tempo sofrido, enfrentado com coragem, solidariedade e sabedoria.

---

[15] Sete de outubro é o dia de Nossa Senhora do Rosário. Como 12 de outubro é a festa de Nossa Senhora Aparecida, feriado celebrado em todo o Brasil, a comemoração do dia 7 é, normalmente, negligenciada nos grandes centros, até pelo clero.

Referências bibliográficas

GOMES, Nubia Pereira de Magalhães; PEREIRA, Edimilson de Almeida. *Flor do não Esquecimento – Cultura popular e processos de Transformação*. Belo Horizonte: Autêntica Editora, 2010.

LUCAS, Glaura. *Os sons do Rosário*. Belo Horizonte: Editora UFMG, 2002.

MARTINS, Leda Maria. *Afrografias da Memória*. Belo Horizonte: Editora Perspectiva, 1997.

OLIVEIRA, Anderson José Machado de. *Devoção Negra*. Rio de Janeiro: Quartel Editora, 2008.

PEREIRA, Julio César Medeiros da Silva. *À flor da terra: o cemitério dos pretos novos no Rio de Janeiro*. Rio de Janeiro: Editora Garamond, 2014.

POEL, Francisco van der (Frei Chico, ofm). *Dicionário da Religiosidade Popular*. Curitiba: Editora Nossa Cultura, 2013.

_____. *Congado: Origens e identidade*. Disponível em: <http://www.religiosidadepopular.uaivip.com.br/congadorigem.htm>. Acesso em: 17 de mar. de 2015.

QUINTÃO, Antonia Aparecida. *Irmandades Negras: Outro Espaço de Luta e Resistência*. São Paulo: Editora Annablume/Fapesp, 2002.

_____. *Lá vem o meu parente – As irmandades de pretos e pardos no Rio de Janeiro e em Pernambuco (século XVIII)*. São Paulo: Editora Annablume/Fapesp, 2002.

SOUZA, Marina de Mello e. *Reis Negros no Brasil Escravista*. Belo Horizonte: Editora UFMG, 2006.

_____. *África e Brasil Africano*. São Paulo: Editora Ática, 2005.

3

OS MANTOS DE NOSSA SENHORA DE GUADALUPE E APARECIDA

Ana Maria de Sousa[1]

A "mantologia mariana"[2] tem por objetivo apresentar um esboço sobre as capas de Nossa Senhora de Guadalupe, padroeira do México, e Nossa Senhora Aparecida, do Brasil. Geralmente, a função dessa peça é agasalhar, cobrindo da cabeça aos pés e uma parte dos braços; pode ser colocada sobre a roupa (túnica, vestido etc.) e chama muito a atenção. Em Guadalupe, a tonalidade desse traje específico é turquesa e está ornamentado com estrelas. Aparecida carrega um azul marinho ou anil, com desenhos em dourado. Trabalhamos com a hipótese de que o manto de ambas iconografias também pode revelar interesses políticos, devocionais religiosos, pois em seu bojo está a chave de uma época conturbada da história.

A pós-colonização da América Latina pelo europeu – espanhol, no México, e português, no Brasil – é o ponto em comum entre ambas iconografias, embora o evento no México tenha acontecido em 1531 e no Brasil em 1717. A semelhança da chegada dos colonizadores europeus aos dois países, a maneira

---

[1] Ana Maria de Sousa é mestre em literatura brasileira, pela FFLCH-USP, e doutoranda em ciência da religião, na PUC-SP.

[2] Termo criado por nós para referir-se ao estudo sobre os mantos de Nossa Senhora.

abrupta como foi feita a conquista do novo território e o triste lamento dos colonizados ao se sentirem totalmente dominados pela violência extrema. Passados alguns anos, o som das carabinas e o eco das chicotadas ainda ecoavam uníssonos, quando o mito de Nossa Senhora começa a ser difundido na América Latina, inicialmente aos mexicanos (Guadalupe) e, posteriormente, aos brasileiros (Aparecida). De certo modo, essa epifania estava ligada ao conforto e encorajamento para aqueles povos sofridos. Para entendermos a relação das indumentárias com a cultura popular, vamos ater-nos ao imaginário. Assim, as narrativas de Guadalupe e de Aparecida serão revisitadas, por meio da "mantologia".

O evento de Guadalupe deu-se com o asteca Juan Diego, no monte Tepeyac, onde inicialmente se encontrava o templo pagão da deusa Tonantzin. Abaixo explicaremos como tudo teria acontecido.

Os símbolos contidos no vestuário de Guadalupe dialogam com a cultura asteca. Gruzinski se alude ao imaginário guadalupano:

> "... la historia de los imaginarios nacidos en el cruce de las esperas y de las respuestas, en la conjunción de las sensibilidades y de las interpretaciones, en el encuentro de las fascinaciones y los apegos suscitados por la imagen (Guadalupe). Al privilegiar lo imaginario en su globalidad y su movilidad —que también es la movilidad de lo vivido—, he renunciado a hacer una descripción demasiada sistemática de la imagen y de su contexto por temor a perder de vista una realidad que sólo existe en su interacción...". (GRUZINSKI, 2003, p. 14)

Ao se referir a Guadalupe, Gruzinski alinhava essa interação entre os astecas e a iconografia guadalupana, que por ser a primeira "aparição" ressoa por todo o continente latino-americano.

Apesar desse mito não ter, no Brasil, a mesma dimensão que eclode no México, notamos que a interação devocional brasileira em Guadalupe centra-se em irmandades guadalupanas, igrejas com essa denominação, no movimento batismal de crianças nascidas, principalmente dos anos 1920 ao 1960, que levaram o nome da santa mexicana. A razão da pouca influência guadalupana em nossos costumes é porque no Brasil temos a nossa própria ideologia, que responde pelo nome de Aparecida.

A imagem de Aparecida foi içada do Rio Paraíba do Sul e sua primeira capa teria sido de cor carmesim. Entretanto, alguns relatos da cultura oral afirmam que a esposa de Felipe Pedroso, um dos pescadores, teria confeccionado um primeiro manto.

Os trajes usados por todas as iconografias de Nossa Senhora não seguem um padrão definido, geralmente estão relacionados ao azul e ao branco, e a túnica também de cor clara por baixo. Nota-se a delicadeza, a seriedade e a beleza das roupas, que podem ser simplesmente lisas ou com *designs* pequenos e específicos, e também podem carregar acessórios (faixas, pinturas, pedrarias, cordões, rosário etc.). Tomemos para efeito de comparação as aparições de Nossa Senhora de Fátima, Caravaggio, Lourdes. A parte estrutural, ou seja, a base onde as estátuas geralmente são fixadas também deve ser levada em consideração: algumas iconografias aparecem sobre uma lua ou pisando em uma serpente, com pássaros ao redor e outros detalhes.

A imagem de Nossa Senhora de Guadalupe traz um único anjo como se tivesse carregando toda a base. Ao lado dessa figura celeste vê-se dois chifres de boi. Esses adornos são inerentes à cultura asteca. Em algumas representações de Nossa Senhora Aparecida, ela também aparece ancorada por dois querubins. Os anjos são uma referência ao estilo barroco, o movimento artístico e literário que tinha entre suas características a produção de imagens sacras. Iniciou-se no século XVI, na Itália, e difundiu-se pela Europa e pelos países colonizados, sob o apelo do sagrado. Assim, o barroco pode ser lido pelas bordas da hibridização das culturas asteca e espanhola, brasileira e portuguesa, pois tanto o México como o Brasil sofreram influência dessa estética, principalmente na elaboração das obras de arte sagradas e na literatura.

Segundo consta, o manto turquesa, de Guadalupe, ainda permanece no mesmo tecido, desde 1531, e continuaria intacto. O manto de Aparecida, a estátua que está na cúpula principal do Santuário de Aparecida, é trocado mensalmente pelas Irmãs Carmelitas[3] e segue o padrão triangular, na cor marinho-anil e sempre em um tecido aveludado, com diferentes bordados em dourado, que seguem certa uniformidade.

Qual a razão de se vestir um manto? Geralmente, essa peça é usada para aquecer o corpo, pode ser alusiva à tradição de alguns países e ainda mostrar superioridade. Essa última corresponde à vestimenta utilizada, principalmente pela realeza. Nesse caso, podemos imaginar um rei da Idade Média, com um rico manto vermelho, bordado em ouro. Os astecas também se agasalhavam com uma capa, chamado de manto, no inverno. Detalhe: a cor turquesa de Guadalupe era a mesma, exclusiva do rei asteca, Montezuma.[4]

---

[3] A informação é da imprensa do Santuário de Aparecida, na cidade de Aparecida.
[4] A informação vem do Código Bizantino, que, entre outros dados, mostra as ilustrações da vida cotidiana, feitas pelos próprios astecas, no século XVI. Disponível em: <https://www.bmlonline.it/il-codice-fiorentino--della-biblioteca-medicea-laurenziana/>.

É Roland Barthes quem nos dá uma pista no que se refere à lei das vestimentas:

> [...] na vestimenta, os elementos de uma roupa são associados segundo certas regras: vestir um suéter e um paletó de couro é criar entre essas duas peças uma associação passageira, mas significativa, análoga à que se une às palavras de uma frase; esse plano de associação é um plano do sintagma. (BARTHES, 2009, p. 42)

Desde a Idade Antiga, os trajes indicam a posição social de uma pessoa. A bíblia hebraica relata, exatamente, como era a vestimenta que Deus quis para Arão, que foi nomeado como seu porta-voz na terra, uma espécie de sacerdote. O livro do Êxodo nos traz esta descrição:

> "... estas pois são as vestes que farão: um peitoral, e um éfode, e um manto, e uma túnica bordada, uma mitra, e um cinto; farão, pois, santas vestes para Arão, teu irmão, e para seus filhos, para me administrarem o ofício sacerdotal. E tomarão o ouro, e o azul, e a púrpura, e o carmesim, e o linho fino torcido. Terá duas ombreiras, que se unam às suas duas pontas, e assim se unirá. E o cinto de obra esmerada do seu éfode, que estará sobre ele, será da sua mesma obra, igualmente, de ouro, de azul, e de púrpura, e de carmesim... também farás o manto do éfode, todo de azul... E a abertura da cabeça estará no meio dele; esta abertura terá uma borda de obra tecida ao redor; como abertura de cota de malha será, para que não se rompa. E nas suas bordas farás romãs de azul, e de púrpura, e de carmesim, ao redor das suas bordas; e campainhas de ouro no meio delas ao redor... Também farás túnica de linho fino... aos filhos de Arão, e far-lhes-ás cintos; também lhes farás

tiaras, para glória e ornamento... Faze-lhes também calções de linho, para cobrirem a carne nua; irão dos lombos até as coxas...". (Êx 28,4-43)

Na tentativa de se entender melhor a "mantologia" (estudo do manto) de Nossa Senhora de Guadalupe, iremos remontar à origem do ícone. O imaginário popular aponta que, em uma manhã, Nossa Senhora teria aparecido ao asteca Juan Diego e pedido que ele solicitasse ao bispo, em seu nome, a construção de uma igreja ali, no monte Tepeyac, onde, conforme dissemos, se localizava o templo da deusa pagã Tonantzin. O bispo local não acreditou e sugeriu que o asteca lhe trouxesse uma prova. Juan Diego se encontrou novamente com Nossa Senhora e, além de solicitar alguma coisa para convencer o bispo, também pediu a cura de seu tio, que estaria no leito de morte. A Senhora disse que seu parente já estava curado da doença e providenciou para o índio recolher rosas, que não poderiam florir naquela época invernal do ano. Ao abrir seu poncho, a fim de mostrar as flores para o bispo, uma surpresa: naquele exato momento cada flor, que Juan Diego carregava, se transformou na figura de Nossa Senhora que teria ficado impresso sobre o tecido.

Esse poncho ou manto é o catalizador do mito de Guadalupe e teria sido confeccionado artesanalmente, com simples fibras de cactos, de nome *tilma*, um tipo de tecido grosseiro, sem qualquer resistência à ação do tempo e durabilidade. São duas partes costuradas verticalmente, em conjunto, e a textura, muito entrelaçada. A imagem de Nossa Senhora ficou ali e aparece nos mínimos detalhes.

As flores, na túnica cor nude, de Guadalupe, seriam relativas às montanhas mexicanas, mas a de quatro pétalas, logo abaixo do laçarote e sobre o ventre da Virgem de Guadalupe, seria alusiva a um símbolo conhecido pelos astecas: ela estaria grávida de um ser divino. O laço acima da cintura e as mãos postas também eram outros sinais, com os quais as mulheres astecas demonstravam que estavam gerando um bebê. Em volta de toda a imagem da Virgem de Guadalupe se vê raios de sol, o signo da maior divindade para os astecas. O tecido, em que a imagem se formou, foi colocado em um quadro e se encontra exposto no Santuário de Nossa Senhora de Guadalupe, na Cidade do México.

Em outra trajetividade, vamos abordar os aspectos de Nossa Senhora Aparecida. Recuemos um pouco mais na linha do tempo para compreender a história. Antes de desbravar o Oceano Atlântico para conquistar novas terras, os portugueses, que vieram na caravela com Pedro Álvares Cabral (AZEVEDO, 2001, p. 12), passaram a noite em vigília na igreja Nossa Senhora de Belém, em Portugal, e ao ancorarem no Brasil, em 1500, difundiram a fé católica aos indígenas e, posteriormente, aos escravos. Na primeira aglutinação dos dois povos (portugueses e indígenas), temos a origem da religião católica no Brasil. Por volta de 1700, as terras do nosso país estavam sob o domínio dos senhores de engenho, que tratavam seus escravos, vindos da África, amarrados a troncos, a ferro e fogo, considerados seres inferiores. Em meio a uma situação de dor e sofrimento de um povo marginalizado, em 1717, deu-se a descoberta da imagem de Aparecida. O episódio também coincide com o final do período das Capitanias Hereditárias e o início do Ciclo do Ouro no Brasil. Conta-se que os pescadores, Domingos Garcia, João Alves e Felipe Pedroso tinham ido à procura de peixes para alimentar a comitiva do governador geral, Dom Pedro de Almeida Portugal, o conde de Assumar, que passaria pela região por causa da unificação das capitanias de Minas

Gerais e São Paulo (CORDEIRO, 1998, p. 14). Os pescadores não conseguiam fisgar nada, mas teriam içado do Rio Paraíba do Sul partes desconexas da imagem. Felipe Pedroso conseguiu montar, pois todas as peças se encaixaram perfeitamente. A partir disso, foram atribuídos à imagem vários milagres, a começar pela pesca bem-sucedida dos três homens, que retornaram ao rio.

A imagem em terracota de Nossa Senhora emergiu das águas, ficou no imaginário e na afeição do povo católico brasileiro. O primeiro manto registrado da Mãe Aparecida, como ela é também conhecida, já aparece associado à roupa de uma rainha: era da tonalidade carmesim – a cor vermelha do carmim –, datado de 5 de janeiro de 1750, com os bordados em fios de ouro e o franjado na barra. Esses acessórios dourados também podem ser relacionados à extração do ouro na província de Minas Gerais, onde tal matéria-prima era encontrada em profusão. Aliás, Francisco Soares Bernardes[5], que doou ao ícone essa primeira vestimenta, era natural da cidade mineira Mariana. Esse adereço teria sido colocado na imagem para disfarçar uma rachadura.[6]

Em 6 de novembro de 1868, a princesa Isabel ofertou uma nova capa a Nossa Senhora Aparecida. As cores representavam o império de Dom João IV, o azul escuro e o vermelho granada, e ostentava 21 brilhantes, significando as 20 Províncias do Império e a Capital. Naquele mesmo dia, a soberana teria pedido a Nossa Senhora Aparecida o milagre para conseguir ser mãe. Nos idos de 1884, a princesa retornou a Aparecida para venerar a imagem

---

[5] Nada se sabe sobre quem foi esse senhor. No site do santuário aponta apenas que ele e a esposa doaram o manto, sem mais explicações. Esse fato merece uma investigação mais profunda de sua profissão.
[6] Disponível em: <http://www.a12.com/santuario-nacional/noticias/detalhes/os-mantos-da-mae-aparecida-1>; <http://www.catolicismoromano.com.br/content/view/4588/49/>; e <http://www.a12.com/santuario--nacional/noticias/detalhes/os-mantos-da-mae-aparecida-1>.

(o local era a igreja construída em 1745, atualmente conhecida como Basílica Velha) e agradecer a realização de seu pedido, ao lado do esposo Conde d'Eu e seus três filhos, os príncipes Dom Pedro, Dom Luís e Dom Antônio. Então, doou a Nossa Senhora de Aparecida uma coroa de ouro de 24 quilates, 300 gramas, cravejada de brilhantes.

No ano de 1888, a princesa Isabel assinou a Lei Áurea, que aboliu a escravidão em nosso país. Em 1869[7], os franceses Luiz Robin e Valentim Fraveau fotografaram pela primeira vez o manto. Em 1924, André Bonotti clicou, novamente, a imagem, sem a capa, a fim de constatar o estado em que se encontrava. Por isso, descobriu-se que a imagem primitiva era originalmente policromada, tinha a pele do rosto e as mãos brancas. O manto de cor azul escuro e o forro vermelho permaneciam.

Se Nossa Senhora Aparecida é negra ou originalmente não foi encontrada na cor preta, não tem a menor importância. Uma das teorias aponta que muitos devotos acendiam velas perto de seu altar e as chamas resultaram no escurecimento da peça original.

Cultuar a imagem de uma santa negra não é privilégio apenas do Brasil, pois vários países também têm histórias diferentes com um ícone com as características físicas semelhantes a Aparecida. Algumas dessas imagens se encontram na Polônia, Bélgica, França, Espanha, Estados Unidos, Roma, Alemanha e outros. Esse assunto pode abrir caminhos para pesquisas mais detalhadas.

Com o passar do tempo, outros mantos foram adicionados a Nossa Senhora Aparecida, doados pelos fiéis da cidade de Aparecida. Em setembro de 1904, Nossa Senhora passou a ser aclamada

---

[7] Informação retirada do site do Santuário, disponível em: <http://www.a12.com/santuario-nacional/noticias/detalhes/os-mantos-da-mae-aparecida-1>.

como a "Rainha do Brasil" e, nessa data, foi denominada como "A Mãe do Povo Brasileiro". Em 1931, obteve o título de "Padroeira do Brasil", sob os auspícios do governo de Getúlio Vargas, houve a inclusão de duas bandeiras em seu manto, a do Brasil – lado direito – e a do Vaticano – lado esquerdo – que permanecem ainda hoje representando a aliança entre os dois países.

O ritual da troca do manto acontece todo dia 12 de cada mês, denominado como "Cerimônia do Manto". Um padre retira a imagem do nicho principal. Já sem o manto, o sacerdote a coloca no altar sobre um imenso tecido aveludado azul marinho, da mesma cor de seu manto, e a envolve rapidamente. Posteriormente, o tecido será cortado em pequenos retalhos, que serão enviados aos participantes da Campanha dos devotos. Enquanto ocorre o ritual, os convidados se ajoelham diante da imagem original. Alguns choram, outros cantam. Mesmo sem o manto, ela desperta forte emoção. Coloca-se, então, o novo manto e ela volta para seu lugar, a fim de continuar a ser venerada. Todas as vestes antigas são cadastradas e guardadas na Reserva Técnica, uma das salas do Santuário, também conhecida como Sala dos Mantos, onde está registrada toda a historiografia.

O manto de Aparecida, enquanto peça do vestuário insere-se na tradição brasileira, mesmo que tenha sofrido alterações no design e na cor, ao longo da história por interferência política ou religiosa, atualmente continua rico de significados. O azul marinho ou anil é alusivo ao céu. Os bordados em dourado denotam a realeza e significam que Nossa Senhora Aparecida é a Rainha do céu e da terra. A bandeira do Brasil bordada representa que ela é a Padroeira do Brasil. A do Vaticano indica que a Virgem Maria é Mãe da Igreja. Ambas, posicionadas lado a lado, identificam que o Brasil é um país de tradição católica, sob a proteção de Nossa Senhora Aparecida.

Enfim, na "costura", usado no sentido metafórico, entre os mantos de Nossa Senhora de Guadalupe e Aparecida, podemos concluir que ambas as vestimentas estão inseridas na cultura do povo, que tem em comum os aspectos devocionais.

Referências bibliográficas

AZEVEDO, Manuel Quitério de. *O culto a Maria no Brasil.* História e Teologia. Aparecida: Santuário, 2001.
BARTHES, Roland. *Crítica e Verdade.* São Paulo: Perspectiva. 2009.
CORDEIRO, José. *Aparecida: caminhos da fé.* São Paulo: Loyola, 1998.
GRUZINSKI, Serge. *A colonização do imaginário: sociedades indígenas e ocidentalização do México espanhol séculos XVI -XVIII.* São Paulo: Companhia das Letras, 2003.

4

A DEVOÇÃO A NOSSA SENHORA DO BRASIL

Rita de Cassia Goulart Caraseni[1]

Introdução

Ao verificar os detalhes da história de devoção a Nossa Senhora do Brasil, percebe-se que essa ocorre em três fases bem distintas, sendo que somente na segunda fase é que tem origem o nome Nossa Senhora do Brasil.

Um fato curioso é que, embora se tratando de uma imagem, encontramos a presença de elementos que lembram um processo de miscigenação, tão característico do Brasil.

Na primeira fase não encontramos documentos que comprovem a historicidade, mas apenas textos que compõem um determinado mito de origem. Conforme Megale (1986), por vontade do padre José de Anchieta, coube aos jesuítas e aos índios catequizados, a confecção da imagem que remonta à segunda metade do século XVI.

Somente no século XX, a imagem já com o título de Nossa Senhora do Brasil torna-se conhecida dos brasileiros. No Rio de Janeiro e em São Paulo são construídas igrejas em sua honra.

---

[1] Rita de Cassia Goulart Caraseni é mestra em ciência da religião na PUC-SP, bolsista CAPES e FUNDASP.

1. Origem da devoção

O padre jesuíta espanhol José de Anchieta, jovem de saúde frágil, veio para o Brasil, trocando a segurança de sua terra natal pela convivência com povos estranhos em seus costumes e hábitos, os ameríndios. Devoto da Virgem Maria[2], o jesuíta se entregava à tarefa de levar a mensagem cristã a esses povos. Conforme o papa Francisco:

> Ele, juntamente com Nóbrega, é o primeiro jesuíta que Inácio envia para a América. Um jovem de 19 anos... Era tão grande a alegria que ele sentia, era tão grande o seu júbilo, que fundou uma Nação: lançou os fundamentos culturais de uma Nação em Jesus Cristo. Não estudou teologia, também não estudou filosofia, era um jovem! No entanto, sentiu sobre si mesmo o olhar de Jesus Cristo e deixou-se encher de alegria, escolhendo a luz. Esta foi e é a sua santidade. [...] São José de Anchieta escreveu um maravilhoso hino à Virgem Maria à qual, inspirando-se no cântico de Isaías 52, compara o mensageiro que proclama a paz, que anuncia a alegria da Boa Notícia.[3]

O padre José de Anchieta não apenas catequizou os índios que com ele conviveram, mas também forneceu inspiração para que por meio da arte louvassem a Deus, expressando a fé e o amor dos cristãos à Santíssima Virgem e ao seu Filho Jesus Cristo, ainda menino

---

[2] NEWS.VA Official Vatican Network. *P. José de Anchieta – a história e a vida do Apóstolo do Brasil*, há pouco canonizado pelo papa Francisco. Disponível em: <http://www.news.va/pt/news/p-jose-de-anchieta-a--historia-e-a-vida-do-apostolo>. Acesso em: 27 de jul. de 2017.

[3] Homilia do papa Francisco por ocasião da Missa de Ação de Graças pela Canonização de São José de Anchieta. *Igreja de Santo Inácio de Loyola – Roma*. 24 de abril de 2014. Disponível em: <http://w2.vatican.va/content/francesco/pt/homilies/2014/documents/papa-francesco_20140424_omelia-san-jose-de-anchieta.html>. Acesso em: 27 de jul. de 2017.

em seus braços, como o Salvador do mundo. A Virgem seria representada com traços indígenas e o Menino Jesus como um mestiço. Na bela imagem, o coração da Virgem e o do Menino são representados expostos e cercados por raios, que simbolizavam as graças do amor de Deus. Podemos supor que essa simbolização dos Sagrados Corações de Jesus e de Maria tenha motivado o nome original da imagem, Nossa Senhora dos Divinos Corações.

Como José de Anchieta era Provincial da Companhia de Jesus, fundou, no Estado do Espírito Santo, a primeira capela dedicada ao Sagrado Coração de Jesus. Posteriormente, de visita a Pernambuco, teria deixado a imagem de Nossa Senhora dos Divinos Corações, como era então chamada, numa das aldeias de indígenas catequizados. Sabe-se que, em 1610, a imagem de Nossa Senhora do Brasil já era venerada pelos índios em Pernambuco, no Nordeste Brasileiro, com aquele nome de Nossa Senhora dos Divinos Corações. [...] E quase um século depois, em 1710, a imagem chegou aos cuidados dos padres capuchinhos vindos da Itália, que a entronizaram em 1725, quando foi escolhida, segundo documentos fidedignos, para padroeira da Prefeitura Apostólica dos Missionários Capuchinhos em Pernambuco, tendo seu altar na Igreja de Nossa Senhora da Penha de França, em Recife, pertencente à Ordem dos Frades Capuchinhos.[4]

A presença de reformadores calvinistas no Brasil colocou em alerta os padres da época. Os calvinistas não aceitavam a arte como uma forma de pregação da Palavra de Deus, e ao rejeitar o que chamavam de iconoclastia, promoviam a quebra das imagens.

---

[4] CNBB Regional Leste I. *José de Anchieta e Nossa Senhora do Brasil*. Disponível em: <http://cnbbleste1.org.br/2015/06/jose-de-anchieta-e-nossa-senhora-do-brasil/>. Acesso em: 27 de jul. de 2017.

Conforme Megale (1986), em meados de 1630, a imagem de Nossa Senhora dos Divinos Corações, como era então conhecida e venerada pelos índios, desaparece, provavelmente para sua proteção, reaparecendo, em meados de 1700.

No Brasil, a igreja de Nossa Senhora da Penha, que abrigava a imagem, veio a ser profanada, mas esta já se encontrava a um oceano de distância desses acontecimentos, graças à profunda devoção do capuchino, Frei Joaquim d'Afrágola. Em 1828, tem início a segunda fase dessa história, que se passa na Itália, "o frei e seus companheiros, para proteger a imagem por eles venerada, decidiram enviá-la em 1828, secretamente, com todos os seus adornos, para Nápoles, onde havia um grande convento, pertencente à Ordem dos Capuchinhos [...]"[5]. Conforme Aducci:

> A devoção à Santíssima Virgem sob o título de Nossa Senhora do Brasil tem sua origem ligada a um acontecimento que não pode ser desconhecido. Esta devoção nasceu do fato seguinte: [...] foi enviada pelos Revmos Padres Capuchinhos do Brasil aos padres da mesma ordem, em Nápoles, uma imagem de Nossa Senhora, que eles conservam na igreja de Santo Efrém, daquela cidade. (1960, p. 328)

Com a chegada da pesada caixa com a imagem a terras europeias, ocorre um outro fato curioso. Os capuchinhos não tinham como pagar os impostos e resgatar a encomenda. Passado um tempo, a caixa é aberta, e a bela imagem da Santíssima Virgem com o Menino Jesus causa surpresa e admiração aos guardas da alfândega, que decidem enviá-la ao seu destino, o Convento de

---

[5] CNBB Regional Leste I. *José de Anchieta e Nossa Senhora do Brasil*. Disponível em: <http://cnbbleste1.org.br/2015/06/jose-de-anchieta-e-nossa-senhora-do-brasil/>. Acesso em: 27 de jul. de 2017.

Santo Efrém, o Novo, ficando exposta à veneração na igreja do convento. A admiração por tão bela obra de arte – a fé e o respeito ao que ela representava – espalhou-se. O povo deu-lhe o nome de *Madonna del Brasile*. Nem bem a imagem chegou ao seu destino e os milagres começaram a ocorrer. Uma história de especial devoção a *Madonna del Brasile* se desenvolveu com as orações e ações de graça dos fiéis devotos à Santíssima Virgem e ao Menino Jesus. Até mesmo milagres de cura, em meio a uma epidemia de cólera e o fim da epidemia, foram atribuídos àquela imagem.

Na noite de 22 para 23 de fevereiro do ano de 1840, por volta da meia-noite, um tenebroso incêndio destrói completamente a igreja de Santo Efrém, mas, para espanto e admiração da população da época, a imagem da Santíssima Virgem com o Menino Jesus se apresentava ilesa, em meio ao fogo devastador. Conforme um relatório escrito na época sobre o incêndio e o prodígio, religiosos do convento, policiais, bombeiros e outras pessoas foram lamentar a perda da sagrada Efígie, que estava cercada pelas chamas:

> Todos os olhos estavam voltados para a efígie sagrada, quando observaram com espanto, que o véu da mesma, ao invés de incinerar, seduzido pelas chamas, se movia como se tivesse sido atingido por um hálito fresco da brisa leve; e o incêndio de uma forma extraordinária, parecia respeitar [...]. Efeitos visíveis do poder de Maria, desde o fogo que destruiu completamente a igreja, poupou a efígie [...] Após este acontecimento milagroso o restante do telhado entrou em colapso em todos os pontos da igreja [...] Durou poucos dias o fogo para consumir o material combustível que caía no chão da igreja, e logo deu lugar à curiosidade de entrar [...] muita gente queria ver o milagre operado pela SS. Virgin do Brasil.

> Enquanto isso a efígie sagrada recebeu homenagens de napolitanos, que corriam no meio da multidão para observar, com seus próprios olhos, a destruição infligida pelo fogo, e o poder que Maria havia exercido sobre o mesmo fogo, todo mundo é afligido, por um lado às ruínas de uma igreja, que tinha sido uma das mais ilustres da cidade de Nápoles, de outro derramavam lágrimas de ternura à vista da efígie sagrada que saiu ilesa no meio de um fogo tão grande, e um ciclo de devoção a ela [...]. (*Relazione dell-incendio*, 1842, p. 11-12)

A imagem e todos os adornos enviados do Brasil permaneceram intactos, embora tudo ao redor tivesse sido destruído. Esse fato produziu profunda impressão no povo da época, e provocou a peregrinação de milhares de fiéis em visita a *Madonna del Brasile*. Por ordem do Vaticano, a imagem foi coroada e oficializou-se o título de Nossa Senhora do Brasil, sendo reconhecida por toda a Europa.

> Antes e depois de sua solene coroação, que foi realizada, com grande pompa, a 14 de novembro de 1841, tem Nossa Senhora mostrado como lhe agrada ser invocada com o título de N. Senhora do Brasil, pois são inúmeras as graças extraordinárias que tem concedido aos seus devotos. Invoquemos também nós, brasileiros, em nossas aflições, e, principalmente, quando a pátria estiver em perigo, invoquemos N. Senhora do Brasil, uma vez que lhe é tão caro este título, que para nós devia ser até motivo de ufania! (ADUCCI, 1960, p. 328)

Para o povo napolitano, a devoção existe até hoje. A imagem encontra-se na igreja de Santo Efrém, o Velho, e o antigo convento, onde se encontra a igreja de Santo Efrém, o Novo, transformou-se em hospital psiquiátrico.

A terceira fase da história tem início no Brasil, quando "em 1923, o bispo brasileiro, Dom Frederico Benício de Souza Costa, passando por Nápoles, inteirou-se da história da Madonna del Brasile, para divulgá-la largamente quando voltou ao país".[6] Apesar das inúmeras tentativas de se conseguir o retorno da imagem para o Brasil, nenhuma delas obteve sucesso, uma vez que a imagem ainda continua na igreja de Santo Efrém, o Velho. Em face disso, fica a pergunta, o que impede o retorno da imagem para o Brasil?

Foram erguidas igrejas e capelas no Brasil em homenagem a Nossa Senhora do Brasil, dando assim início a uma história de devoção em terras brasileiras.

Em Porto Alegre no bairro de Santa Teresa, foi inaugurada em 1931 a capela de Nossa Senhora do Brasil. Desde 1932, na cidade de Cabedelo na Paraíba, os fiéis da comunidade da Praia do Jacaré festejam a sua padroeira na capela de Nossa Senhora do Brasil (PATRICIO, 2017). A primeira igreja foi inaugurada em 1934 no bairro da Urca na cidade do Rio de Janeiro. E em 1940, inaugurou-se a segunda igreja no Jardim América, na cidade de São Paulo. Em São Paulo, outras duas igrejas foram erguidas, nas cidades de São José do Rio Preto e Americana, e uma capela, na Granja Vianna, em Cotia. Há também uma igreja de Nossa Senhora do Brasil em Porto Seguro, na Bahia.

Existem outras instituições com o nome Nossa Senhora do Brasil. Em 1949, foi fundada em Porto Alegre uma escola paroquial; em Minas Gerais, na cidade de Bambuí, há um hospital; em Brasília, há um instituto que trabalha com deficientes auditivos e, na cidade de São Paulo, há uma creche.

---
[6] CNBB Regional Leste I. *José de Anchieta e Nossa Senhora do Brasil*. Disponível em: <http://cnbbleste1.org.br/2015/06/jose-de-anchieta-e-nossa-senhora-do-brasil/>. Acesso em: 27 de jul. de 2017.

Dentre os títulos de Nossa Senhora, que apresentam o nome de um país, encontram-se Nossa Senhora do Brasil, Nossa Senhora do Líbano, Nossa Senhora de Luxemburgo e, mais recentemente, Nossa Senhora da Arábia.

Há títulos lendários. Há títulos até oriundos de devoções pagãs, hoje mais do que despidos de paganismo. Há títulos que tiveram sua origem de um fato insignificante, por motivo de uma necessidade sentida, uma simples imagem encontrada, uma promessa cumprida etc. Tudo isso completa a realidade gloriosa do presente, pois é por esses títulos que, sejam quais forem, o povo hoje chama e implora o auxílio da Mãe de Deus, ovacionando-a no meio das multidões. (BALDESSAR, 1960 *apud* ADUCCI, 1960, p. 8)

2. A Imagem

Conforme o antigo livro sobre o incêndio e o prodígio (*Relazione dell'incendio*, 1842, p. 7-8), a imagem foi enviada do Brasil como um presente, em sinal de apreço de um religioso capuchinho de Nápoles, em missões no Brasil para a mesma Ordem. Tratava-se de um objeto muito precioso, que ele possuía, e enviou com o fim de proporcionar ainda mais extenso culto da Virgem.

A Virgem chegou em uma caixa de madeira muito pesada e com ela havia muitos enfeites de prata, ouro e pedras preciosas. Devido ao rico valor que representava, não pôde ser retirada da Alfândega, estimava-se um valor de cerca de 300 ducados.

A imagem de Maria tendo no braço o Santo Menino também era chamada de Sagrados Corações, já que tanto ela quanto a criança tem no peito um coração brilhante, corado e radiante. Ela foi exposta à veneração na igreja dos capuchinhos com uma coroa de ouro legítimo e o diadema do Santo Menino. No antigo livro sobre o incêndio, consta que esses adereços pesavam em torno de dezesseis onças e que eram de tanta delicadeza e perfeição que surpreendiam especialistas em obras de arte. Outros adereços de ouro e pedras preciosas encontram-se com a imagem, tais como rosetas e anéis, uma vez que muitas joias eram oferecidas em agradecimento por graças alcançadas.

Segundo o antigo livro, antes do incêndio, uma rica capela foi construída com um altar e um nicho, decorada com mármore fino, madeira dourada, placas, e outras decorações. A imagem da Virgem Maria com o Menino Jesus em seus braços foi esculpida em madeira com o tamanho de 1,5 m. Conforme Megale:

> A Virgem Maria com feições indígenas segura no braço esquerdo o Divino Infante. Ambos ostentam no peito os respectivos corações [...] sendo que o Menino Deus segura o seu com a mão esquerda e com a direita aponta para o de sua mãe. Nossa Senhora veste uma túnica bordada e tem sobre ela um longo véu, que vai da cabeça até os pés. Ambos usam uma coroa real. (1986, p. 79)

3. A devoção

Segundo Aducci, a festa em homenagem a *Madonna del Brasile* ocorre em 22 de fevereiro (1960, p. 328). No Brasil, a devoção a Nossa Senhora do Brasil ocorre, principalmente, nas igrejas com seu nome. Missas solenes com festas em homenagem à padroeira ocorrem por ocasião do aniversário das paróquias. No mês de maio, que é o mês de Maria, são mais frequentes as manifestações dos fiéis.

Em Nápoles e na antiga capela do bairro de Santa Teresa, em Porto Alegre, que se transformou em uma igreja, os fiéis participam de um tríduo e uma procissão com a imagem percorrendo as ruas. Na cidade do Rio de Janeiro, existe o apostolado de Nossa Senhora do Brasil e a visita do oratório de Nossa Senhora do Brasil aos lares da paróquia.

Conclusão

Em nosso entendimento, essa peregrinação da imagem tem também um outro aspecto curioso, que é a capacidade de espalhar a fé e a esperança em diferentes culturas, vencendo as dificuldades do tempo e do espaço, e mostrando com isso ser uma história muito atual, perfeitamente conectada com a história de tanto migrantes e refugiados que mais do que nunca, nos dias atuais, necessitam de fé e de esperança para darem sentido a sua vida já tão destruída pela violência que os leva ao êxodo.

Essa é uma história espanhola, indígena, portuguesa, italiana, brasileira, mundial, e que nos faz lembrar que não é da parte de Deus a existência de fronteiras, mas dos homens, que se arrojam o direito de se apropriar até das coisas espirituais, da fé e do amor.

Sobre o Santo da Igreja que detém a posse da imagem de Nossa Senhora do Brasil, o papa Pio XII escreveu em sua carta encíclica *Ad Caeli Reginam*, o seguinte:

Santo Efrém, com grande inspiração poética, põe estas palavras na boca de Maria: "Erga-me o firmamento nos seus braços, porque eu estou mais honrada do que ele. O céu não foi tua mãe, e fizeste dele teu trono. Ora, quanto mais se deve honrar e venerar a mãe do Rei, do que o seu trono!" (10) Em outro passo, assim invoca a Maria santíssima: "... Virgem augusta e protetora, rainha e senhora, protege-me à tua sombra, guarda-me, para que Satanás, que semeia ruínas, não me ataque, nem triunfe de mim o iníquo adversário" (11).[7]

Quanto aos fatos que envolvem essa história, temos a mesma impressão que consta no antigo livro sobre o incêndio: "Se pareceu casual ao olho do profano, tal certamente não foi ao olho sábio de um ilustrado da Religião para as muitas circunstâncias inesperadas e milagrosas que distinguem o fato" (*Relazione dell-incendio*, 1842, p. 14).

Referências bibliográficas

ADUCCI, Edésia. *Maria e seus gloriosos títulos*. Editora Lar Católico. 2. ed. 1960.
BÍBLIA SAGRADA. *A Bíblia de Jerusalém*. São Paulo: Paulinas, 1985.
CNBB Regional Leste I. *José de Anchieta e Nossa Senhora do Brasil*. Disponível em: <http://cnbbleste1.org.br/2015/06/jose-de-anchieta-e-nossa-senhora-do-brasil/>. Acesso em: 27 de jul. de 2017.

---

[7] A Santa Sé. Carta Encíclica *Ad Caeli Reginam* do Sumo Pontífice Papa Pio XII aos veneráveis irmãos Patriarcas, Primazes, Arcebispos e Bispos e outros ordinários do lugar em paz e comunhão com a Sé Apostólica. Sobre a realeza de Maria e a instituição da sua festa. Disponível em: <http://w2.vatican.va/content/pius-xii/pt/encyclicals/documents/hf_p-xii_enc_11101954_ad-caeli-reginam.html>. Acesso em: 7 de ago. de 2017.

FRANCISCO. *Homilia do Papa Francisco*. Santa Missa de Acção de Graças pela Canonização de São José de Anchieta, Sacerdote Professo da Companhia de Jesus. Igreja de Santo Inácio de Loyola – Roma. 24 de abril de 2014. Disponível em: <http://w2.vatican.va/content/francesco/pt/homilies/2014/documents/papa-francesco_20140424_omelia-san-jose-de-anchieta.html>. Acesso em: 27 de jul. de 2017.

MEGALE, Nilza Botelho. *Cento e Doze Invocações da Virgem Maria no Brasil. História-Iconografia- Folclore*. 2. ed. Petrópolis: Vozes, 1986.

NEWS.VA Official Vatican Network. *P. José de Anchieta – a história e a vida do Apóstolo do Brasil*, há pouco canonizado pelo Papa Francisco. Disponível em: <http://www.news.va/pt/news/p-jose-de-anchieta--a-historia-e-a-vida-do-apostolo>. Acesso em: 27 de jul. de 2017.

PATRÍCIO, Tadeu. *Comunidade da praia do jacaré festeja 80 anos de sua padroeira*. In: <http://professortadeupatricio.blogspot.com.br/2012/11/comunidade-da-praia-do-jacare-festeja.html>. Acesso em: 29 de jul. de 2017.

PIO XII. A Santa Sé. Carta Encíclica *Ad Caeli Reginam*. Aos veneráveis irmãos Patriarcas, Primazes, Arcebispos e Bispos e outros ordinários do lugar em paz e comunhão com a Sé Apostólica. Sobre a realeza de Maria e a instituição da sua festa. Disponível em: <http://w2.vatican.va/content/pius-xii/pt/encyclicals/documents/hf_p-xii_enc_11101954_ad-caeli-reginam.html>. Acesso em: 7 de ago. de 2017.

RELAZIONE DELL'INCENDIO E DEL PRODIGIO AVVENUTO NELLA CHIESA DE' CAPPUCCINI DI S. EFREM NUOVO DI NAPOLI L'ANNO 1840. Napoli. Dalla Tipografia del Sebeto, 1842. 16 páginas. *In*: <https://books.google.com.br/>.

5

FESTAS RELIGIOSAS E DEVOÇÕES POPULARES À VIRGEM MARIA NO AMAZONAS

Rodrigo Fadul Andrade[1]
Sérgio Ivan Gil Braga[2]

1. Virgem Maria na Amazônia e no Amazonas: devoção e festas

O registro mais antigo que se tem notícia sobre devoção mariana na Amazônia corresponde a Nossa Senhora de Nazaré, cuja devoção remonta ao final do século XVII e, segundo registros, teve início na cidade de Vigia, no estado do Pará, posteriormente sendo introduzida em Belém (cf. COELHO, 2001; MAUÉS, 2008). Segundo Coelho (2001, p. 925) "novenas, ladainhas e arraial, como atividades essenciais da religiosidade popular ocorriam no local de *achamento* da imagem da Senhora de Nazaré", referindo-se ao mito de origem que narra a descoberta de uma imagem da santa por um morador da região, às margens de um pequeno riacho, no local onde hoje está localizada a Basílica de Nazaré na cidade de Belém.

Coelho (2001, p. 925) reconhece que as várias práticas de religiosidade, acima mencionadas, atuavam "como processos de so-

---

[1] Rodrigo Fadul Andrade é mestre em antropologia social pela Universidade Federal do Amazonas e doutorando em antropologia na mesma instituição.
[2] Sergio Ivan Gil Braga é doutor em antropologia social, professor no Programa de Pós-Graduação em sociedade e cultura na amazônia (PPGSCA), da Universidade Federal do Amazonas.

ciabilidade de elementos das camadas baixas da sociedade, segundo a própria dinâmica desses processos culturais", ou seja, práticas devocionais de catolicismo popular em reverência à imagem da Virgem de Nazaré.

Hoje, o Círio de Nazaré, em Belém do Pará, é realizado na primeira quinzena do mês de outubro, com uma estimativa de participação de dois milhões de pessoas nas romarias, celebrações e festividades em comemoração à Virgem. O ponto culminante da festa ocorre no segundo domingo do mês, com a procissão que sai da Igreja Matriz e percorre as principais avenidas da parte central da cidade até a Basílica de Nazaré, em uma distância de aproximadamente dois quilômetros.

A transladação da Virgem recebe cuidados especiais, mas sempre próxima dos fiéis, que disputam as melhores posições para ficarem juntos da santa. A imagem é deslocada em uma berlinda puxada por duas grossas cordas de sisal seguradas pelos fiéis. Dizem que a corda e o trajeto da procissão lembram uma grande cobra, animal presente em narrativas bíblicas e imaginário popular amazônico. Essa tradição da corda remonta a fins do século XIX, em Belém, e acabou sendo transmitida para outros Círios de Nazaré, na Amazônia.

Nossa Senhora de Nazaré, Nossa Senhora do Rosário e Nossa Senhora da Imaculada Conceição representam três títulos atribuídos à Virgem Maria, muito populares no Brasil. As histórias das denominações marianas são diferentes e podem estar associadas a elementos tradicionais e históricos da religião (Conceição, Assunção, Rosário, Glória), bem como a características populares que remetem à santa, por exemplo, os lugares das aparições (Lourdes na França, Fátima em Portugal, Medjugorge na Bósnia e Herzegovina, Aparecida no Brasil), e seus principais atributos (rainha da paz, mãe da misericórdia, mãe dos pobres, da graça), ou mesmo denominações populares dadas pelos fiéis em seus pedidos e súplicas (bom parto, desatadora de nós, da boa morte, da agonia).

Eduardo Galvão, em sua clássica obra *Santos e Visagens* (1976), não estuda o Círio de Nazaré ou outra devoção mariana, mas as festas em homenagem a Santo Antônio e São Benedito, na comunidade de Itá (Gurupá), no rio Amazonas, estado do Pará. Reconhece que a crença e as festas em homenagem aos santos católicos fazem parte do cotidiano e contribuem, significativamente, para a formação social das comunidades amazônicas.

Nas pesquisas desenvolvidas pelo autor, as devoções aos santos foram identificadas de duas maneiras: individual e coletiva. No âmbito individual estão as relações afetivas estabelecidas entre o indivíduo e a divindade, geralmente, com festas realizadas na própria casa do sujeito. No âmbito coletivo, a festa é dedicada a um protetor espiritual de todos os moradores, que se torna padroeiro da comunidade. Nesse caso há presença e controle da igreja, enquanto que no primeiro os próprios devotos são os protagonistas dos festejos.

Acredita-se que os santos são seres portadores de grandes poderes, com capacidade de intervenção e mudança de situações indesejáveis. Entretanto, reflete Galvão (1976, p. 32), "os santos, apesar de todos os seus poderes, não atendem a todas as necessidades e setores da vida e do ambiente local". Posto que, "o indivíduo e a comunidade apelam para outras crenças que, reunidas àquelas cristãs, formam o todo da religião". Entre as crenças do imaginário amazônico, o autor destaca os bichos visagentos, como o boto, o curupira, a matinta perera, a cobra grande, entre outros. Refere-se também a "panema", infortúnio ou má sorte contraída por alguém que não observou certas prescrições do cotidiano, como o contato de equipamentos de pesca com a mulher durante o ciclo menstrual etc. Assim, o catolicismo popular opera com crenças locais, para dar conta da religiosidade do homem amazônico.

2. Local da pesquisa: Manaus, Manacapuru e Itacoatiara

As três cidades que estamos pesquisando: Manaus, Manacapuru e Itacoatiara compõem a recém-criada região metropolitana de Manaus e se destacam entre as cidades que possuem maior número de habitantes no estado do Amazonas. A região metropolitana de Manaus foi criada no ano de 2007,[3] composta por oito municípios: Manaus, Iranduba, Novo Airão, Careiro da Várzea, Rio Preto da Eva, Itacoatiara, Presidente Figueiredo e Manacapuru, tendo sido ampliada para treze municípios por meio da lei complementar 64/2009 por iniciativa da Assembleia Legislativa do estado do Amazonas (ALEAM), sendo incluídos: Manaquiri, Autazes, Careiro Castanho, Silves e Itapiranga.

Segundo dados do censo demográfico realizado pelo Instituto Brasileiro de Geografia e Estatísticas (IBGE), no ano de 2010, o número de habitantes naquele ano e estimativa populacional para 2016 em Manacapuru foi de 85.141 e 95.330, Itacoatiara 86.839 e 98.503, e em Manaus de 1.802.014 e 2.094.391.

Os dados populacionais evidenciam o crescimento do número de habitantes nas três cidades. A estimativa de crescimento popu-

---

[3] Lei Complementar n. 52, de 30 de maio de 2007. Institui a Região Metropolitana de Manaus e dá outras providências.

lacional para o ano de 2016 ultrapassa a média de dez mil habitantes em Manacapuru e Itacoatiara e de duzentos mil em Manaus.

Em meio a esse significativo crescimento populacional, estão inseridas novas configurações urbanas, modos de vida e dinâmica da cidade, bem como de suas festas populares e religiosas, cada vez mais presentes nos espaços urbanos. Os dados do IBGE também apresentam informações quanto ao censo religioso, apontando as preferências religiosas da população. Ao tomarmos como referência o catolicismo e protestantismo, os dois principais segmentos do cristianismo, temos os seguintes números de católicos e evangélicos, respectivamente: Manacapuru 45.538 e 31.357, Itacoatiara 54.239 e 26.675, Manaus 967.270 e 640.785.

Percebemos que a diferença quantitativa entre evangélicos e católicos não é tão grande nos municípios de Manaus e Manacapuru, com exceção de Itacoatiara, onde o número de católicos representa o dobro de evangélicos protestantes.[4] Para efeitos desta reflexão tomamos os números gerais apenas para efeitos comparativos.

As festas

As atividades realizadas nos ciclos festivos das cidades compreendem novenas, arraiais, procissões, romarias, homenagens, entre outros eventos e atividades organizadas pela igreja. Um fato comum nas três cidades é a existência de um calendário festivo com atividades pensadas a partir de uma equipe de coordenação dos

---

[4] O número de católicos vem diminuindo no Brasil, segundo a análise dos dados nacionais publicada pelo IBGE. Em comparação com o censo de 2000, o quantitativo de católicos no Brasil passou de 73,6% para 64,6%, no ano de 2010, já o percentual de evangélicos foi de 15,4%, no ano 2000, para 22,2%, em 2010. Vale ressaltar que entre as religiões evangélicas estão diferentes correntes do protestantismo histórico, pentecostal, neopentecostal etc. As informações divulgadas pelo instituto também estão classificadas de acordo com faixa etária, renda familiar, cor, raça e etnia.

festejos, que planeja e executa os eventos com ajuda dos demais membros da igreja, sob orientação dos sacerdotes. O ponto culminante da festa é o dia dedicado à padroeira, que também marca o encerramento das festividades do ano.

O calendário dos festejos de Nossa Senhora de Nazaré em Manacapuru compreende nove noites de novena, dois dias de arraial realizado no último final de semana da festa, procissão e missa solene de encerramento no dia da santa, tendo como referência o segundo final de semana do mês de outubro.

Na cidade de Itacoatiara, o ciclo festivo de Nossa Senhora do Rosário inicia, todos os anos, no dia 7 de outubro e acontece até o dia 1° de novembro. Além da programação religiosa como novenas, missas, procissões e romarias, a festa conta com outras atividades culturais e esportivas, como o concurso de músicas marianas e as olimpíadas do Rosário com participação das escolas do município.

Em Manaus as comemorações pelo dia da Imaculada Conceição iniciam com nove noites de novena e encerram com procissão e missa no dia 8 de dezembro, feriado estadual em homenagem a Nossa Senhora da Conceição, padroeira do Amazonas. Nos últimos anos não tem sido realizado arraial na festa em Manaus, em virtude do processo de requalificação urbana, pelo qual tem passado a praça da catedral de Nossa Senhora da Conceição, mais conhecida como "praça da matriz", local em que se realizava a festa em anos anteriores.

As programações das festas apresentam um conjunto de eventos e atividades promovidos pela igreja para o período dos festejos da santa, com eventos e atividades que evidenciam uma estrutura religiosa padrão nos três lugares, porém com diferenças nas formas como são conduzidas e apresentadas, de acordo com as características locais e as pessoas que as organizam.

A estrutura presente nas festas é composta basicamente por uma solenidade de abertura, seguindo com novenas, arraiais, rezas de terço, romarias e encerrando com procissão e missa solene no dia dedicado à santa. Todas as atividades acontecem nas dependências das igrejas e nos espaços urbanos do entorno, como ruas e praças.

O ciclo festivo de Nossa Senhora do Rosário em Itacoatiara destaca-se como o que possui maior quantidade de atividades, incluindo eventos musicais e esportivos, cuja participação maior é de adolescentes e jovens. A programação na cidade também é a mais extensa, iniciando no dia 7 de outubro, dia em que a Igreja católica dedica oficialmente a Nossa Senhora do Rosário, e encerrando no dia 1º de novembro.

Na cidade de Manaus a festa também se apresenta com uma grande estrutura, pois recebe o maior quantitativo de pessoas, principalmente no último dia dos festejos. A procissão percorre algumas ruas próximas à igreja e a missa solene é realizada em uma das principais avenidas do centro da cidade, com estrutura de palco, som, segurança e iluminação, montados exclusivamente para o evento.

A programação do Círio de Nazaré em Manacapuru, por outro lado, apresenta menor estrutura em relação às demais. As atividades religiosas e festivas em comemoração ao dia da padroeira são realizadas no espaço da própria paróquia e contam com participação, majoritariamente, dos paroquianos e seus familiares, enquanto as outras duas festividades conseguem atrair um público mais diverso.

O arraial, um dos eventos mais conhecidos nas igrejas católicas, apresenta-se de maneira diferente das três cidades observadas, conforme dito anteriormente. A igreja de Nossa Senhora da Conceição se constituiu ao longo dos anos como uma centralidade importante no centro histórico de Manaus, e os arraiais que realizava costumavam atrair muita gente, segundo relatos de entrevistas. O arraial não tem sido realizado, mas segundo informações do pároco local, algumas pessoas têm pedido a volta da festa.

Em Manacapuru o arraial, que geralmente é realizado durante o período do novenário, foi reduzido para apenas dois dias: sábado e domingo do último final de semana da festa. O evento tem sido realizado com uma estrutura pequena no próprio espaço da paróquia, contando com venda de comidas e bebidas (suco, água e refrigerante), além de apresentações musicais locais. Nota-se grande esforço por parte dos organizadores do evento na solicitação de doações para que a festa aconteça.

O cenário observado em Itacoatiara é totalmente diferente das duas festas. O arraial na cidade tem dimensões bem maiores se comparado ao de Manacapuru, por exemplo. Ocupando o espaço das ruas do entorno da paróquia, o arraial da festa de Nossa Senhora do Rosário é realizado durante os nove dias de novenas da santa padroeira, contando com doações de moradores, de estabelecimentos comerciais, escolas e demais instituições, em cada um dos dias do evento. Vale ressaltar que a organização das doações é estabelecida antes do início dos festejos e amplamente divulgada nos primeiros dias do evento.

As procissões realizadas nas três cidades não apresentaram grandes diferenças em sua estrutura. Em geral, os trajetos seguem por ruas no entorno das igrejas, retornando ao ponto de origem ou próximo para encerramento com missa. Os roteiros seguidos são baseados em reza do terço, cânticos católicos, sobretudo os que fazem referência à Virgem Maria e orações. Destaco nesse percurso a forma de condução da imagem de Nossa Senhora como especificidade de cada lugar, que parece andar no meio do povo.

A catedral metropolitana de Manaus possui uma berlinda em forma de barca, esculpida em madeira e conduzida por militares da marinha. Nossa Senhora do Rosário é conduzida em uma estrutura conhecida como "reboque", similar aos que são utilizados para transportar embarcações de pequeno porte, presa na traseira de um automóvel que conduz a imagem, sem a necessidade de pessoas para empurrar. Já Nossa Senhora de Nazaré é conduzida pelas ruas de Manacapuru em uma pequena estrutura de ferro, apoiada sobre quatro rodas e empurrada pelos próprios fiéis.

Cidades, festas e espaço público

O contexto das cidades em que são realizadas as festas marianas evidencia a presença religiosa no espaço urbano. A procissão que percorre as principais ruas de Manaus, Itacoatiara e Manacapuru, a romaria que atravessa a cidade de Itacoatiara e se estende por mais nove quilômetros pela rodovia AM 010, o arraial que ocupa as praças e as ruas são formas de apropriação dos espaços urbanos que, certamente, provocam diferentes reações em outros moradores da cidade, sobretudo naqueles que não estão participando dos eventos.

Leite (2009, p. 200) entende que o processo de disputa presente no espaço urbano colabora para afirmação e diferenciação de identidades, que têm o espaço público como a expressão de "relações de poder, tensões e disputas que caracterizam a vida social, qualificando e diferenciando certos espaços da vida urbana cotidiana", mas também como o espaço "onde ainda persiste a rica possibilidade do encontro com o estranho na experiência urbana contemporânea".

Nesse sentido, as festas se apresentam no espaço público como manifestações e comemorações coletivas. Duvignaud (1983, p. 68) reflete que "a festa se apodera de qualquer espaço onde possa destruir e instalar-se", provocando transformações de ordem espacial e social, portanto "a rua, os pátios, as praças, tudo serve para o encontro de pessoas fora das suas condições e do papel que desempenham em uma coletividade organizada".

Os ritos e as demais práticas religiosas no espaço público se configuram como formas de manifestação dos desejos e necessidades contemporâneas. Entre as quais, a busca por saúde, segurança, emprego, moradia, entre outras condicionantes da vida moderna levadas às divindades por meio de promessas e sacrifícios durante as procissões e outras atividades religiosas, com esperança de intervenção divina no curso da vida real. Participar dos ritos, promover festividades e providenciar oferendas constituem o universo das "necessidades práticas" de retribuir as vantagens alcançadas, estabelecendo reciprocidade religiosa e agregação comunitária.

Em nosso entendimento tais situações, entre outras, podem elucidar diferentes maneiras pelas quais os sujeitos expressam suas religiosidades, como reflexo da modernidade religiosa apontada por Hervieu-Léger (2008), provocando configurações de cenários cada vez mais difusos na contemporaneidade.

A autora afirma que essa modernidade está fundamentada em dois pontos principais: a autonomia do indivíduo e a perda de poder da instituição religiosa (HERVIEU-LÉGER, 2008). É o que vemos, muitas vezes, dentro do catolicismo popular ou devocional, quando as pessoas expressam devoção e realizam festas para "santos" e "santas" que, muitas vezes não são reconhecidos pela Igreja católica. O peregrino, termo utilizado pela autora para denominar o sujeito desta modernidade religiosa, transita em busca de novas experiências e crenças.

Esse processo tem sido observado antropologicamente sob a perspectiva de secularização do cristianismo presente nas práticas religiosas contemporâneas, em meio ao contexto da modernidade. No entendimento de Giddens (1991, p. 11), a modernidade "refere-se a estilo, costume de vida ou organização social, que emergiram na Europa a partir do século XVII e que ulteriormente se tornaram mais ou menos mundiais em sua influência". Na medida em que as cidades cresciam e as sociedades se desenvolviam, costumes e modos de vida característicos da modernidade foram se firmando.

O autor reflete que "os modos de vida produzidos pela modernidade nos desvencilham de todos os tipos tradicionais de ordem social, de uma maneira que não tem precedentes", visto que se trata de algo novo e com grandes dimensões, pois "tanto em sua extensionalidade quanto em sua intencionalidade, as transformações envolvidas na modernidade são mais profundas que a maioria dos tipos de mudança característicos dos períodos precedentes" (GIDDENS, 1991, p. 14).

Giddens (1991) reconhece os efeitos da modernidade de diferentes formas nas cidades, por meio das relações pessoais, sociais, meios de produção, entre outros, que caracterizou como o "urbanismo moderno", sendo este "ordenado segundo princípios completamente diferentes dos que estabeleceram a cidade pré-moderna em relação ao campo em períodos anteriores" (GIDDENS, 1991, p. 16).

O que temos visto no campo das devoções religiosas são manifestações constituídas de experiências individuais e coletivas com as divindades. Situações manifestadas, por exemplo, nas peregrinações aos santuários marianos, aos lugares onde há notícias de aparições da virgem, nas procissões, romarias, festas e outras atividades de cunho religioso, que reúnem fiéis classificados de "peregrinos", "romeiros", "devotos", entre outras formas de identificação pessoal e coletiva. Vínculos afetivos individuais com a Virgem Maria considerados "exagerados", ou seja, que a igualam à figura de Deus, não aprovados pela Igreja católica, que busca orientar os fiéis por meio de sua doutrina religiosa.

Todos os elementos culturais que temos estudado constituem obrigações morais de dar e receber, que envolvem consagração (ou sacrifício) dos fiéis, compaixão ou identificação com o outro, eficácia simbólica (mágica e religiosa) do que se pede à Virgem enquanto, por exemplo, promessa, mas também oferta generosa ou compulsória de dádivas que permitam diminuir as dificuldades das pessoas, bem como em socorro das obras da Igreja católica. Situações que têm se manifestado de formas cada vez mais secularizadas, agregando elementos da contemporaneidade que reforçam ritos e práticas católicas constituídas ao longo da existência da Igreja.

Bakhtin (1993, p. 43) enfatiza a presença do "cômico" na festa popular realizada no espaço público, contrastando com a seriedade e moralidade do universo religioso. No cômico está presente a sátira da realidade, provocando riso, e a "visão carnavalesca do mundo" que, segundo o autor, constituem a "base do grotesco".

Na interpretação de Bakhtin (1993) a inversão de papéis, o exagero, o grotesco e a sexualidade figuram como elementos da cultura popular que se opõem ao erudito, ao clássico e ao religioso no contexto da Idade Média. A "desordem" e "exageros" presentes no carnaval eram vistos como permissão de comportamentos que seriam reprimidos, logo em seguida, com a chegada da Quaresma, tempo de reclusão e evitação dos prazeres da carne para o catolicismo. Para Bakhtin (1993, p. 7) "as festividades tiveram sempre um conteúdo essencial, um sentido profundo, exprimiram sempre uma concepção do mundo".

As práticas populares e religiosas são vistas, muitas vezes, com olhares de desconfiança e medo quando ocupam o espaço público. Braga (2012, p. 88) lembra que ao ocuparem o espaço da rua, tais práticas provocam certo desordenamento no contexto urbano da cidade, pois afetam estruturas controladas pelo Estado. Nesses casos, são realizados acertos prévios que devem considerar todas as "variáveis que envolvem a manutenção da ordem pública, ou seja, a desordem previamente programada pela ordem das instituições responsáveis pelo controle social do Estado".

Recompor esse "todo social", considerando as práticas devocionais e festivas à Virgem Maria, em Manaus, Manacapuru e Itacoatiara, passa necessariamente pelas transformações da vida urbana nessas cidades, observando elementos religiosos e mágicos, que têm adquirido importância em formas de agrupamentos sociais em espaços públicos de encontros e desencontros de pessoas, no elo que os indivíduos estabelecem com as divindades, nas relações sociais entre os próprios indivíduos ou mesmo com a instituição Igreja.

Referências bibliográficas

BAKHTIN, Mikhail. A cultura popular na idade média e no renascimento: o contexto de François Rabelais. São Paulo-Brasília: HUCITEC – Editora da UnB, 1993.

BRAGA, Sérgio Ivan Gil. Culturas populares em meio urbano amazônico. In: BRAGA, Sérgio Ivan Gil (Org.) *Culturas populares em meio urbano*. Manaus: Edua, 2012.

COELHO, Geralgo Mártires. Catolicismo devocional, festa e sociabilidade: o culto da Virgem de Nazaré no Pará colonial. In: JANCSO, István e KANTOR, Iris (Org..) *Festa, Cultura & Sociabilidade na América Portuguesa*. Volume II. São Paulo: Edusp, 2001.

DUVIGNAUD, Jean. *Festas e civilizações*. Fortaleza-Rio de Janeiro: Edições Universidade Federal do Ceará – Tempo Brasileiro, 1983.

GIDDENS, A. *As consequências da modernidade*. São Paulo: Ed Unesp, 1991.

GALVÃO, Eduardo. *Santos e Visagens*: Um estudo da vida religiosa de Itá, Baixo Amazonas. São Paulo: Ed. Nacional, 1976.

HERVIEU-LÉGER, Danièle. *O peregrino e o convertido*. Petrópoles-RJ: Vozes, 2008.

LEITE, Rogério Proença. Espaços públicos na pós-modernidade. In: FORTUNA, Carlos & LEITE, Rogério Proença (Orgs.) *Plural de cidades*: léxicos e culturas urbanas. Coimbra, 2009.

MAUÉS, R. Heraldo. *O Círio de Nazaré na Constituição e Expressão de Uma Identidade Amazônica*. In: Revista *Espaço e Cultura* n. 24. Rio de Janeiro: UERJ, 2008, p. 54-68, 2008.

6

UMA REPRESENTAÇÃO DE NOSSA SENHORA APARECIDA NA UMBANDA

Marcos Verdugo[1]

Introdução

Todo encontro entre diferentes formas de autodeterminação que possui seus horizontes de sentido na linguagem de seus históricos e localizados modos de conhecimento, ainda que marcado por relações assimétricas de poder e pelos delírios da colonialidade/modernidade[2], cria sempre algo novo e inesperado, uma nova linguagem. Tal linguagem é contingente justamente por depender de suas circunstâncias de criação e no âmbito da lógica científica e racional da Modernidade é sobredeterminada na territorialidade de sua criação, isto é, qual lado da linha abissal ocupa. A dignidade dessa linguagem não é sempre verdadeira e nem sempre falsa.

---

[1] Marcos Verdugo é mestre e doutorando em ciência da religião na PUC-SP.
[2] O imaginário Ocidental não possui em seu horizonte de legitimação dos saberes o contexto cultural e político da produção e reprodução do conhecimento enquanto determinante de sua linguagem. Por isso que estamos subordinados a uma epistemologia dominante que, por essa razão, apresenta-se universal (a racionalidade científica, as teologias da unidade e a poética do sujeito-objeto) e neutra (o direito, o econômico, o político, o social e o cultural). A construção das sociedades democráticas euro-americanas, desde a razão mercantilista, fundada e operacionalizada na ideia de raça, até as razões contemporâneas, nas quais o mesmo racismo opera vivo ainda que com outras máscaras, inaugura nos horizontes globais de sentido e de experiências o que chamamos de Modernidade. O exercício de tal modernidade se dá por meio de um triplo movimento de colonialidade: de poder, de saber e de ser (Quijano, 2000 e 2016; Mignolo, 1995, 2001, 2003 e 2005; Castro-Gómes e Grosfoguel, 2007).

Para Édouard Glissant, poeta e intelectual martinicano, a linguagem é a poética de uma determinada língua. Ela é o "escavar" de uma forma, a criação de um "espaço simbólico"; é justamente essa "arquitetura vazia", definida dentro de uma língua que representa o que Glissant chama de linguagem. Ela é a forma de um sujeito que habita uma língua. Consequentemente, ela é as marcas do sujeito em uma língua: o poeta, o alquimista, o músico, o mágico das palavras nos permitem uma completa (e necessária) revolução da língua. Percebemos, portanto, que uma determinada língua não cumpre mais a função de "apoio circundante", mas é absorvida por esta poética-pensamento, a linguagem (GLISSANT, 2009).

O que Glissant nos propõe é uma linguagem que se realiza por meio de uma língua e não o contrário como comumente pensamos. Tal inversão se baseia na ideia de a linguagem ser "o primeiro instrumento cultural" de uma comunidade. Em um sentido mais amplo, para sermos livres enquanto seres humanos em sociedade, temos que ter consciência de que somos uma língua dentro de uma linguagem. A partir de Glissant nos engajamos em um invertido ponto de vista. Nossos hábitos acadêmicos ocidentalizados nos ensinam a considerar a linguagem dentro de uma realidade social e de contextos históricos, mas, ao contrário, grande parte de nossas concepções de realidade emergiram de e habitam nossa linguagem (GLISSANT, 2009).

Uma das consequências fundamentais do projeto mercantil, missionário e civilizacional da Modernidade foi a inauguração da "figura fantasmagórica" do Outro e de sua antítese absoluta, o homem branco europeu. Ao inventar pela conquista uma nova região do mundo, as Américas, também inaugurou um novo espaço social, econômico, político, cultural, linguístico e religioso. As inventadas Américas surgem como entre-lugares, isto é, o local de encontros de distintas humanidades e de suas formas de saber e conhecer, forjando pelas inexoráveis trocas novas possibilidades sociais, políticas e culturais.

Essas novas identidades em movimentos de resistências e criatividades experimentam um mundo múltiplo e, especificamente, transformam a experiência da espiritualidade em novas formas religiosas. Religiões que respondendo ao contexto histórico de cada localidade traduzem, como já dito, essa multiplicidade em inéditas e inesperadas linguagens. O Vodou Haitiano, o Catolicismo Popular Latino-Americano e a Umbanda, para ficarmos apenas com alguns, são exemplos dessas linguagens.

Tomando o imaginário religioso da Umbanda abordaremos neste texto as práticas de tradução da figura de Nossa Senhora Aparecida a partir de um de seus sentidos: a linguagem negro--africana de Oxum. Para tanto, partiremos de alguns relatos consagrados pela oralidade de milagres de Nossa Senhora Aparecida de maneira a localizar o imaginário popular sobre a santa. Na segunda parte apresentamos as características da orixá Oxum evidenciando a reciprocidade da lógica da oralidade: por exemplo, a santa virgem imaculada protetora dos seus devotos traduz-se em Oxum, a rainha de todas as riquezas, que, por sua vez, traduz-se em santa que protege por sua doçura e benevolência.

1. Imaginário popular: os primeiros milagres

Apresentamos aqui três relatos orais dos primeiros milagres de Nossa Senhora Aparecida. São três exemplos de construções simbólicas que criam no imaginário popular católico as dimensões de fé e devoção. Em outras palavras, algumas dimensões de trabalho da santa, lembrando que a grande maioria da devoção aos santos está relacionada com essa dimensão de trabalho do santo ou santa.

O primeiro milagre, o milagre do escravo Zacarias. Naquele tempo de escravidão, o escravo Zacarias voltava acorrentado com o seu feitor para a fazenda de onde fugira. Ao passar pelo Santuário, pediu para rezar aos pés da Mãe Aparecida. Zacarias, com muita fé, fez suas orações, e o milagre aconteceu: as correntes se soltaram e Zacarias ficou livre. "Mãe Aparecida" é aquela que se relaciona maternalmente com seus devotos; seus filhos, portanto, buscam a benevolência de uma mãe. Mãe, aqui, é a compreensão do feminino como dedicação, amor, força e sabedoria.

O segundo milagre, o milagre do menino salvo de afogamento. Em 1862, morava nas margens do Rio Paraíba do Sul a família de um menino chamado Marcelino, que tinha apenas três anos de idade. Durante uma brincadeira no barco o garoto caiu no rio Paraíba, sua mãe Angélica e sua irmã Antônia se ajoelharam e pediram que Nossa Senhora intercedesse pelo menino para que não se afogasse. Na mesma hora o menino começou a boiar, sem engolir água do rio. Seu pai o tirou da água sem nenhum risco de morte. A santa assume sua mais famosa posição no imaginário popular católico: aquela que intercede (roga) por seus devotos. A dimensão da intercessão é a busca da alteração de uma eventualidade que por qualquer razão escapou ao controle de seus agentes. A santa que intercede é aquela que traz a dimensão da utopia da fé: as impossibilidades podem ocorrer.

O terceiro milagre, o milagre da menina cega. No ano de 1874 Gertrudes Vaz e sua filha – cega de nascença – levaram três meses de viagem de Jaboticabal a Aparecida. A menina tinha ouvido falar da história da "pesca milagrosa" e queria muito visitar Nossa Senhora Aparecida. Ao chegarem, ainda na estrada, a menina fixou o horizonte e exclamou: "Olhe, mamãe, a capela da Santa!" Dona Gertrudes percebeu que tanto sacrifício tinha valido a pena. Mãe e filha – agora curada – foram rezar agradecidas, ajoelhadas aos pés da Senhora Aparecida. Aqui a santa também representa a utopia da fé, porém por uma outra dimensão. Não é mais a santa que intercede no momento preciso, mas aquela que recompensa, por um lado, pelo próprio ato de fé na santa (a sua legitimação na crença nas narrativas orais) e, por outro, pelo ato sacrificial da própria devoção.

No imaginário popular católico, Nossa Senhora Aparecida possui dimensões de fé e devoção que determinam as formas pelas quais na linguagem religiosa se produz tanto um conhecimento teológico-popular quanto a poética da espiritualidade da santa. Assim, a santa é a mãe benevolente, aquela que intercede em momentos de profunda necessidade e aquela que é revelada na dupla operação de fé (o crer e o sacrifício).

2. Oxum: a rainha-mãe das águas doces

O nome Oxum (Òsun, em iorubá) significa fonte. Está relacionado com a palavra orísùn, a fonte de um rio, um povo ou de crianças. A palavra oxum pode ser compreendida como aquilo que corre, flui, permeia e se move como a água. Oxum é a fonte perpétua de renovação da vida, modelando no sélèrú, a aparência de água doce de um solo árido, um modo de esperança e agenciamento em novas e difíceis situações, uma saída para o impossível que faz a vida possível para seus devotos. Oxum é a água que torna a vida possível e que preserva a vida para a criação (MURPHY e STANFORD, 2001). A identidade de oxum como fonte a coloca no centro do imaginário religioso dos orixás. Os oráculos divinatórios não existem sem ela; os chefes não governam sem ela; os outros orixás não podem construir o mundo sem as suas artes. Ela é a contínua fonte de renovação. Ela também é capaz de se renovar cada vez que seus devotos a reinventam. Esse dinamismo é a característica da natureza de Oxum como orixá. Precisamos superar as sistematizações que reduzem Oxum à "divindade dos rios" ou à "divindade do amor" para adotarmos uma complexa visão de um ente espiritual multidimensional. Há muitos aspectos de oxum para categorizá-la em apenas algumas formas. Ela possui uma múltipla iconografia e materialidade ritual nas práticas de seus iniciados. Tal multiplicidade é encontrada em muitas de suas narrativas orais, nas cantigas de suas cerimônias e nos objetos de seus templos. Em cada local através das águas e em seus devotos, Oxum é reconhecida nesses símbolos que podem ter alusões contínuas ou descontínuas entre si. As diferentes identidades de Oxum podem fluir entre elas ou espontaneamente surgir uma nova. Ela é água, rio, peixe, leque, espelho, latão (ouro, coral, amarelo, cobre, dinheiro), mel, abóbora, pavão, cabelos bonitos, urubu, pente, perfumes e muitas outras coisas conhecidas e ainda por serem encontradas.

    Oxum pode ser velha ou jovem, rica ou empobrecida, amorosa ou maldosa. Em cada momento ela é algo que o devoto não está necessariamente esperando. Ela chora quando está feliz e ri quando está triste. Ela é uma poderosa líder e mestre das artes domésticas. Ela cura com água fria e destrói a vida com uma enchente furiosa. Ela é uma mãe amorosa e líder de espíritos vingativos que podem roubar qualquer criança. Essas múltiplas Oxuns surgem da experiência de muitas comunidades e muitos indivíduos. Nas religiões na diáspora africana elas são organizadas em "linhas", "qualidades" ou "caminhos", diferentes Oxuns que são celebradas com diferentes narrativas, canções e cerimônias (MURPHY e STANFORD, 2001). Essa habilidade de Oxum para ser muitas coisas permite aos seus devotos uma experiência religiosa complexa. Como um orixá, Oxum oferece o que, em geral, todo orixá oferece: o equilíbrio para se ter uma boa vida. Porém, ela traz por certos caminhos, por certas linhas, que devem ser aprendidas e seguidas para se receber suas bênçãos. Ele pode ser um orixá dentre muitos ou muitos orixás em um.

3. A santa é Oxum e Oxum é a santa

Nos processos de tradução de Nossa Senhora Aparecida na linguagem negro-africana de Oxum na prática religiosa umbandista temos dois símbolos que apresentam continuidade com o imaginário católico (mãe e utopia da fé) e um símbolo de descontinuidade (a virgem imaculada).

Como mãe a santa é Oxum, pois é a sua compaixão que é invocada, a sua imagem de amorosa mãe que recebe todos e todas que a buscam. Oxum é casa segura para os angustiados e aflitos. Ela é quem inspira o cuidado com os outros; cuidado que é sempre assegurado pela lógica de que se há o que dar, haverá sempre algo para dar. Assim, Oxum torna-se a santa já que a sua dimensão de guerreira é traduzida como intensidade da intercessão.

Oxum é cultuada como a mulher coroada e aquela que "dança para retirar a coroa sem pedir" (VERGER, 1959, p. 426). Ela é entendida como a base da governação devido ao seu imenso poder e sua posse do ar e água puros que são essenciais à vida. E como dona do *eérìndínlógún* (dezesseis búzios), uma forma de jogo de divinação, possui em si mesma a fonte para todo o conhecimento. Conhecimento que gera o equilíbrio da vida, logo, é Oxum que governa sobre as possibilidades de se conhecer e agir sobre a própria vida. É a ela que a dimensão da utopia da fé adquire a sua corporeidade: é no corpo vivo de Oxum que podemos encontrar todas as impossibilidades que serão renovadas em realidades nas experiências individuais de seus devotos. A santa é Oxum, pois é quem possui a capacidade para o impossível; Oxum é a santa no momento em que não descansa enquanto seus devotos não estiverem nos caminhos para o equilíbrio da vida.

Oxum também possui uma dimensão de dinâmicos exemplos de processos de negociação de experiências espirituais, identidade social e poder político nas sociedades contemporâneas. Nesse sentido, Oxum deixa de ser a santa para se traduzir em uma abundante e irrepreensível sexualidade que se entrelaça com as construções de raça, classe e hegemonias sexuais para sexualmente celebrar e afirmar seus filhos, brancos e negros, pobres e ricos, homens e mulheres, homossexuais e heterossexuais.

Oxum, portanto, é a mãe e as ansiedades para a utopia, mas também rompe com a ideia de virgem imaculada para deixar-se fluir nas águas plurais do mundo contemporâneo.

Conclusão

Apresentamos alguns exemplos das dimensões de fé e devoção tal como nos oferece a oralidade de dois imaginários religiosos: o catolicismo popular e a umbanda. O processo de tradução da Nossa Senhora Aparecida no imaginário da umbanda se dá por negociações e reinvenções que garantem a inteligibilidade da santa enquanto Oxum. Tal processo de tradução também revela uma reciprocidade da lógica oral, isto é, o encontro da santa com Oxum revela, por um lado, um desenvolvimento popular fundado nas experiências cotidianas dos discursos teológicos e, por outro lado, um enriquecimento simbólico da representação da santa, ainda que, com características que neguem sua própria natureza original. Por fim, na umbanda a santa torna-se Oxum, e essa, nas práticas de seus devotos, torna-se uma santa-orixá.

Referências bibliográficas

CASTRO-GÓMES, S.; GROSFIGUEL, R. *El Giro Decolonial:* Reflexiones para una Diversidad Epistémica más allá del Capitalismo Global. Bogotá: Siglo del Hombre, 2007.

GLISSANT, E. *Philosophie de la relation.* Paris: Gallimard, 2009.

MIGNOLO, W. *The Darker Side of the Renaissance. Literacy, Territoriality and Colonization.* Ann Arbos: Michigan University Press, 1995.

_____. *Capitalismo y Geopolitica del Conocimiento:* El Eurocentrismo y La Filosofia de La Liberacion En El Debate Intelectual Contemporaneo. Buenos Aires: Coleccion Plural, 2001.

MIGNOLO, W. *Historias Locales / Disenos Globales:* Colonialidad, Conocimientos Subalternos Y Pensamiento Fronterizo. Buenos Aires: Akal, 2003.

MIGNOLO, W. D. *The Darker Side of the Renaissance.* Ann Arbor: University of Michigan, 1995.

_____. A Colonialidade de Cabo a Rabo: O Hemisfério Ocidental no Horizonte Conceitual da Modernidade. In: LANDER, E. *A Colonialidade do Saber:* Eurocentrismo e Ciências sociais. Perspectivas Latino-americanas. Buenos Aires: CLASCO, 2005.

MURPHY, J. M.; STANFORD, M.-M. *Osun Across the Waters:* A Yoruba Goddess in Africa and the Americas. Indiana: Indiana University Press, 2001.

QUIJANO, A. Colonialidad y Modernidad/Racionalidad. *In*: *Perú Indígena.* Lima, v. 13, n. 29, 1992.

_____. Colonialidade de Poder, Eurocentrismo e América Latina. *In*: LANDER, E. *Colonialidade do Saber:* Eurocentrismo e Ciências Sociais. Perspectivas Latino-Americanas. Buenos Aires: CLASCO, 2000.

_____. *Cuestiones y Horizontes.* Buenos Aires: Clasco, 2016.

SANTOS, B. D. S. *Epistemologies of the South:* Justice against Epistemicide. Boulder/London: Paradigm Publishers, 2014.

VERGER, P. *Notes sur le Cultes des Oris et Vodun.* Dakar: L'Institut Français d'Afrique Press, 1959.

PARTE II

SIGNIFICADOS E REFLEXÕES

7

AS RAÍZES IBÉRICAS DA DEVOÇÃO MARIANA NO BRASIL

Neffertite Marques da Costa[1]

A Conferência Nacional dos Bispos do Brasil (CNBB) estabeleceu, com a aprovação do Papa Francisco, o Ano Nacional Mariano, iniciado em 12 de outubro de 2016 e com conclusão no dia 11 de outubro de 2017, em comemoração aos 300 anos do encontro da imagem de Nossa Senhora da Conceição Aparecida nas águas do rio Paraíba do Sul.

Na região onde a imagem foi encontrada, deu-se a construção da primeira igreja dedicada a Nossa Senhora Aparecida, ainda no século XVIII, hoje denominada Matriz Basílica, ao lado da Basílica Nova, com projeto de Benedito Calixto Neto, iniciado em 10 de setembro de 1946. O Santuário Nacional de Aparecida, denominação oficializada pela CNBB em 1983, possui o Museu de Nossa Senhora Aparecida, iniciado em 1956, com exposições permanentes e temporárias, localizado na torre da Basílica Nova, relatando aos visitantes a história do encontro da imagem no rio e da devoção a Nossa Senhora Aparecida. Em 12 de fevereiro de 2016, ainda foi inaugurado o Memorial da Devoção Nossa Senhora Aparecida, espaço que abriga o Museu de Cera, o Cine Padroeira e um espaço para exposições temporárias.

---

[1] Neffertite Marques da Costa é mestranda em ciência da religião, na PUC-SP.

O Santuário Nacional de Aparecida também se tornou um centro de concentração e irradiação de pesquisas de cunho mariológico com o Centro de Documentação e Memória, criado no final da década de 1990, e com a Academia Marial de Aparecida, fundada em 16 de julho de 1985. Nesse sentido, também é importante ressaltar a existência da Sala de Promessas, com a exposição de objetos que são frutos da devoção a Nossa Senhora Aparecida. Clodovis Boff (2006), ao abordar o significado da figura de Maria para a sociedade, discute o conceito de devoção por meio da relação do devoto com o seu santo, especialmente com a Virgem Maria, a qual é marcada pela forte carga emotiva, característica da religiosidade popular – religiosidade da massa dos fiéis católicos, sobretudo daqueles que estão afastados da ação da Igreja –, também chamada de religião popular – aquela que não é oficial, sendo caracterizada pela falta de explicações teológicas e, consequente, espontaneidade do povo:

> Em relação a Maria Santíssima, a piedade do povo católico é verdadeiramente "visceral" ou "entranhada". Os devotos tratam Maria com extremo carinho. Falam em termos de "Mãe querida" e mesmo de "Mãezinha do céu". Outros modos de falar, que denotam intimidade, são o uso do diminutivo (Santinha etc.), especialmente no mundo hispano-americano (*Virgencita, Niña, Morenita, Negrita, Chinita* etc.). O mesmo vale para o uso do pronome "minha", particularmente no âmbito brasileiro (Minha Santa, Minha Mãezinha e o curioso Minha Nossa Senhora). (BOFF, 2006, p. 554)

A imagem de Nossa Senhora Aparecida remete a uma imagem de Nossa Senhora da Conceição, que foi um culto a Maria implantado de forma oficial em Portugal e, por extensão, no Brasil enquanto colônia portuguesa. Dessa forma, Nossa Senhora da Conceição foi considerada protetora do Brasil durante o período colonial, sendo, em outro momento político, proclamada Padroeira do Império Brasileiro por D. Pedro I. Em 16 de julho de 1930, o papa Pio XI proclamou Nossa Senhora da Conceição Aparecida como Padroeira do Brasil, culto que foi oficializado no país, em 30 de junho de 1980, pela Lei n. 6.802, com a declaração do dia 12 de outubro como feriado nacional dedicado à devoção.

Anteriormente, a imagem de Nossa Senhora Aparecida já havia sido coroada como Rainha do Brasil, em 1904, por decreto do papa Pio X, passando a utilizar a coroa de ouro cravejada de diamantes e rubis e o manto azul ofertado, em 1888, pela princesa Isabel como pagamento de uma promessa. Há o registro da visita da família real à imagem de Nossa Senhora Aparecida – o príncipe-regente D. Pedro I, em 1822, e a princesa Isabel, em 1868 e 1888 –, assim como inúmeros peregrinos que se dirigiram em direção à imagem ao longo desses três séculos, para fazerem seus pedidos e agradecerem as graças que reconhecem terem recebido por intermédio de Nossa Senhora Aparecida:

> No Brasil a imagem da Virgem da Conceição chegou em uma das naus de Pedro Álvares Cabral. Ela representa Maria Santíssima de pé sobre o globo terrestre, tendo as mãos unidas em oração e os olhos voltados para o céu, esmagando com seus pés uma cobra, símbolo do pecado original. Os frades franciscanos foram os propagadores dessa devoção que se espalhou de norte a sul, pois existem cerca de 375 paróquias a ela dedicadas. Em todas as localidades por onde passaram os filhos de S. Francisco foram construídos templos sob o

orago de Nossa Senhora da Conceição, sendo Ela a padroeira de vários Estados brasileiros. (...) Após ter sido protetora de nosso país no período colonial, a Senhora da Conceição foi proclamada por D. Pedro I, ilustre descendente da dinastia de Bragança, Padroeira do Império Brasileiro. Com o advento da República e já no despontar do século XX, Ela cedeu o seu lugar a Nossa Senhora Aparecida, atual Rainha e Padroeira do Brasil, que é uma antiga imagem da Imaculada Conceição encontrada nas águas do rio Paraíba do Sul. (MEGALE, 1986, p. 111, 114-115)

Santos (1996), percebendo a importância em Portugal da devoção a Nossa Senhora da Conceição, procurou a origem dela em livros portugueses e em documentos localizados no Arquivo Nacional da Torre do Tombo e nos Arquivos do Paço Ducal de Vila Viçosa, encontrando uma tradição que afirma que a festividade litúrgica a Nossa Senhora da Conceição aconteceu pela primeira vez em 8 de dezembro de 1147, após a conquista de Lisboa por D. Afonso Henriques, cidade que se encontrava na posse dos mouros, tendo vencido um cerco de cinco meses com o apoio dos cruzados vindos da Inglaterra, da Alemanha e de outros reinos nórdicos.

O primeiro bispo de Lisboa foi o inglês D. Gilberto de Hastings, que ficou na direção da Diocese entre 1147 e 1166, introduzindo em Lisboa o calendário de Salisbury, no qual, ao que tudo indica, já havia a festa da Conceição de Maria, aprovada, em 1129, pelos bispos ingleses reunidos em Londres. O culto à Imaculada Conceição permaneceu durante a formação do Reino de Portugal, em 1139, e com o reconhecimento de sua independência pelo Reino de Leão, em 1143.

No ano de 1142, D. Afonso Henriques fez um compromisso de vassalagem à Santa Sé, oferecendo Portugal a São Pedro e à Igreja Romana, com a adoção do título pessoal de Soldado do Bem-Aventurado Pedro, além de declarar Portugal como Terra de Santa Maria e assumir o compromisso de vassalagem à Santa Maria de Claraval, decretando o envio de uma quantia anual ao Abade de Claraval, na França, evidenciando a ligação entre D. Afonso Henriques e Bernardo de Claraval, canonizado como São Bernardo, da ordem dos cistercienses, que fundaram seu primeiro mosteiro em terras portuguesas por volta de 1140.

> Ao longo de toda a primeira Dinastia [de Borgonha], muitos foram as devoções a Nossa Senhora que se estabeleceram, algumas delas relacionadas com a Cruzada, sob cujo signo nascera a nova nação; outras, relacionadas com algum milagre alcançado em favor do povo fiel pela Virgem Santíssima; ou ainda, eram imagens antigas, dos tempos dos visigodos ou dos mouros, as quais, encontradas por pastores, passavam a receber veneração. São tantas as invocações dessa época que seria impossível recordar todas. Apenas para mencionar algumas das principais, lembremos: Santa Maria dos Mártires, em Lisboa, e mais tarde em Silves e em Castro Marim; Santa Maria de Alcobaça; Santa Maria do Castelo, em Tavira; Santa Maria do Açor, em Celorico da Beira; Santa Maria da Escada (ou da Purificação), em Lisboa; Santa Maria do Milagre da Cera, em Évora; Nossa Senhora de Nazaré; Santa Maria de Oliveira, em Guimarães. (SANTOS, 1996, p. 29)

Pela obra de Santos, em uma coedição luso-brasileira, publicada em comemoração ao 350º aniversário da consagração de Portugal a Nossa Senhora da Conceição de Vila Viçosa, identifica-se a forte devoção mariana em Portugal e a relação do país com a Igreja católica. Embora se evidencie um culto de certa forma implantado pelo rei, de cima para baixo, percebe-se a adesão popular à devoção, que se multiplica em função das diferentes invocações, relacionadas ao encontro de uma imagem em determinado lugar ou à realização de um milagre reconhecido pelo povo.

Ainda a respeito de D. Afonso Henriques, já ficou evidente a forte devoção do primeiro rei português a Maria, a qual o acompanhava desde a sua infância. A tradição registra que ele próprio foi fruto de uma cura milagrosa. No local indicado a Egas Moniz, seu tio, após uma aparição de Maria, D. Afonso Henriques teria mandado construir o Mosteiro de Santa Maria de Cárquere:

> Segundo a tradição, D. Afonso Henriques, primeiro Rei de Portugal, nasceu aleijado das pernas, de tal sorte que nunca seria um homem normal. Educava-o seu fiel aio Egas Moniz, na esperança de que um milagre o curasse. Tinha já o menino cinco anos quando, certa noite, Nossa Senhora apareceu a Egas Moniz e lhe disse: *"Dom Egas Moniz, dormes?* – Senhora, disse ele, *e quem sois vós?* E ela disse: – *Eu sou a Virgem que mando que vás a tal lugar...* [e indicou precisamente o local]. *Cava naquele lugar e acharas uma igreja que em outro tempo foi começada em meu nome, e uma imagem minha, e correge a imagem minha que é feita em meu nome e à minha honra. E, como isto for feito, farás aí vigília e porão o menino sobre o altar, e sabe que será são e guarido* [curado], *e faze-o bem em guardar, que o meu Filho quer por ele destruir os inimigos da fé.* (SANTOS, 1996, p. 20)

A Dinastia de Borgonha chegou ao fim quando, em 1383, o rei D. Fernando I faleceu sem deixar herdeiro masculino direto, gerando uma crise política, com o interesse do Reino de Castela pela coroa portuguesa. A população ficou ao lado do Mestre de Avis, D. João, filho ilegítimo de D. Pedro I e, portanto, meio-irmão do rei falecido. Houve uma guerra entre Portugal e Castela e, em 1385, quando o conflito chega ao fim e D. João I se afirma como rei de Portugal, novamente apareceu a figura de Maria de Nazaré na história portuguesa:

> Foi na véspera da Assunção que se travou a batalha de Aljubarrota. Todo o país se encontrava em armas ao lado do Mestre de Avis D. João I, para enfrentar o poderoso exército inimigo que já havia atravessado a fronteira. Apesar da superioridade das forças adversárias, os portugueses não desanimaram, pois confiavam firmemente na proteção da Virgem Maria, cuja festa seria celebrada no dia seguinte. Momentos antes da peleja, D. João pediu auxílio à Mãe de Deus e prometeu construir um grande templo em sua honra, se os lusitanos saíssem vencedores. Não tardaram os castelhanos a arremeter com fúria sobre a vanguarda lusitana, que ia cedendo, quando o Mestre de Avis, para evitar o perigo iminente, corre adiante das tropas animando os soldados com o grito de guerra – "S. Jorge! Portugal! S. Jorge! Portugal". A coragem renasceu entre os guerreiros e pouco depois, quase por um milagre, os inimigos recuaram, fugindo desordenadamente. Enquanto estes fatos aconteciam no campo de batalha, a população de Lisboa, ameaçada pela esquadra inimiga, que fundeara no Tejo, percorria as diversas igrejas fazendo preces públicas a Maria Santíssima. Subitamente, não se sabe como, correu a notícia da vitória dos portugueses, no mesmo instante em que os soldados de Castela se retiravam de Aljubarrota. O povo afirmava que o arauto da auspiciosa informação era um jovem vestido de capa vermelha, que, segundo a crença popular, era o próprio S. Jorge. (MEGALE, 1986, p. 45, 46)

Como agradecimento, D. João I, da Dinastia de Avis, ordenou que todas as catedrais do reino fossem dedicadas a Nossa Senhora da Assunção e, desde então, sua festividade, em 15 de agosto, passou a ser celebrada com grandiosidade em Portugal, o que se estendeu às suas colônias. Além disso, cumprindo um voto realizado durante a batalha, D. João I, em 1386, mandou construir o Mosteiro de Santa Maria da Vitória, que ficou conhecido como Mosteiro da Batalha.

A festa de Nossa Senhora da Glória, outro título pelo qual a invocação é conhecida, é uma das mais antigas e tradicionais do Rio de Janeiro, tendo sido construída, em 1503, em Porto Seguro, a primeira igreja dedicada a essa invocação no Brasil. O título de Nossa Senhora da Vitória, presente no Brasil desde o início da colonização, é anterior ao título instituído pelo papa Pio V, em 7 de outubro de 1571, após a vitória dos cristãos contra os turcos na batalha naval de Lepanto, afastando os muçulmanos da Europa, o qual foi alterado para Nossa Senhora do Rosário pelo seu sucessor, o papa Gregório XIII:

> A Baía de Todos os Santos já era conhecida desde a primeira Expedição Exploradora de 1501, (...) existia ali uma verdadeira colônia de portugueses que vivia em perfeita harmonia com os índios, sob a direção de Diogo Álvares, o Caramuru. (...) Pouco depois, chegou àquelas paragens do Novo Mundo o donatário Francisco Pereira Coutinho, (...) os abusos e provocações dos colonos irritaram os selvagens e as lutas recomeçaram, sem que o próprio Diogo Álvares fosse capaz de evitá-las. (...) Os lusitanos, desesperados, recorreram à Virgem Maria e, após uma renhida batalha, conseguiram derrotar os inimigos. Em agradecimento à proteção da Mãe de Deus, deram-lhe o título de Senhora da Vitória e cons-

truíram um templo em sua homenagem, que foi a primeira paróquia e igreja matriz da Bahia. (...) A Vila de Nossa Senhora da Vitória foi fundada em 1551 pelo donatário Vasco Fernandes Coutinho em reconhecimento à proteção de Maria Santíssima num combate contra os índios goitacás. (MEGALE, 1986, p. 369, 370)

Percebe-se que da mesma forma como ocorreu na história política de Portugal, a vitória dos colonos portugueses na permanência e consolidação de sua presença no território, seja pela resistência dos nativos, seja pelos invasores de outras nacionalidades europeias, foi marcada pelas devoções marianas, já que esses reconheciam a intervenção de Maria ou a sua aparição em meio à batalha, o que era seguido pela construção de alguma capela ou igreja em agradecimento, como na luta contra os holandeses, a qual ainda se revestia como uma cruzada religiosa, já que os holandeses eram protestantes:

> Desde 1630 parecia solidamente implantado o domínio holandês no Nordeste brasileiro, controlando os batavos extensas áreas dos atuais estados de Sergipe, Alagoas, Pernambuco, Paraíba, Rio Grande do Norte, Ceará e Maranhão. Em 1645 levantara-se em armas Pernambuco, sob o comando de André Vidal de Negreiros, João Fernandes Vieira, Antonio Dias Cardoso, do negro Henrique Dias e do índio potiguar D. Antonio Filipe Camarão. Mais tarde teve também participação destacada o general luso-peruano Francisco Barreto de Menezes, enviado pelo monarca português para comandar a cruzada libertadora. Após longa e encarniçada guerra, na qual a proteção de Maria Santíssima foi palpável – mais que isso, foi visível – especialmente na Batalha dos Tabocas (1645) e nas duas batalhas dos Montes Guararapes (1648 e

1649), afinal foram expulsos, em 1654, os últimos holandeses. Ainda hoje, sobre o local em que se travaram as duas decisivas batalhas dos Guararapes, ergue-se a histórica igreja de Nossa Senhora dos Prazeres dos Montes Guararapes, graças a cuja intercessão – e até mesmo, segundo venerável tradição, graças a cuja aparição milagrosa – os lusos-brasileiros católicos alcançaram a vitória. (AZEVEDO, 2001, p. 116, 117)

Entre 1580 e 1640, ocorreu a União Ibérica, período em que Portugal esteve sob o domínio filipino, do ramo espanhol da Casa Real de Habsburgo, em função da morte do rei português D. Sebastião, em 1578, seguida pela morte do seu tio, D. Henrique I, período que chegou ao fim com a aclamação de D. João IV, da Dinastia de Bragança, como rei, ao que se seguiu uma guerra contra a Espanha, entre 1640 e 1668. Seis anos após subir ao poder, D. João IV consagrou Portugal a Nossa Senhora da Conceição de Vila Viçosa, tornando-a padroeira do país e lhe entregando a coroa do reino português.

A consagração de 1646 marcou profundamente a História de Portugal e, como não podia deixar de ser, também a brasileira. Desde então, nunca mais os reis portugueses puseram a coroa na cabeça, porque sempre se entendeu que a legítima Soberana de Portugal e seus domínios era Nossa Senhora. A tradição acabou por consagrar o já antigo uso de não serem coroados mas apenas aclamados os reis, e de no ato da aclamação figurar sempre a coroa sobre uma almofada, ao lado do monarca, significando que este era tão-só lugar-tenente e representante da verdadeira Rainha, que era a Padroeira. (SANTOS, 1996, p. 7)

O culto a Nossa Senhora da Conceição e a Nossa Senhora da Glória fizeram parte da história de Portugal. D. Afonso Henriques, na formação do reino português, proclamou Portugal como Terra de Santa Maria e D. João IV terminou por consagrar o país a Nossa Senhora da Conceição de Vila Viçosa, proclamando-a Padroeira de Portugal, em 25 de março de 1646. Dessa forma, o culto a Nossa Senhora da Conceição esteve presente desde o início da história portuguesa:

> Em Portugal, Nossa Senhora da Conceição possuía grande número de devotos quando seu culto foi oficializado por D. João IV, primeiro rei da dinastia de Bragança, que fora aclamado a 1º de dezembro de 1640, data em que se iniciava a oitava da festa da Imaculada Conceição. Seis anos depois, com a aprovação das Cortes de Lisboa, ele dedicou à Virgem Imaculada o reino português. Em todo o território lusitano, assim como em suas colônias, a festa da Conceição de Maria tornou-se oficial e obrigatória, tendo sido cunhadas, em seu nome, moedas de ouro de 12 mil réis e outras de prata no valor de 450 réis. O solar da Santa Padroeira é Vila Viçosa, que deu seu nome a uma ordem honorífica instituída por D. João VI em 1818, com a denominação de Ordem de Nossa Senhora da Conceição de Vila Viçosa. (MEGALE, 1986, p. 111)

A ação dos colonizadores na implantação do culto a Maria se fez notar desde o início da história do Brasil, seja com os navegadores que por aqui passaram (Pedro Álvares Cabral trouxe consigo uma imagem de Nossa Senhora da Esperança e a imagem de Nossa Senhora da Conceição veio em uma das naus comandadas por ele), com os bandeirantes que levavam as devoções oficiais e com os colonos em geral que traziam as devoções específicas dos seus locais de origem, por um lado; seja com as ordens religiosas responsáveis pela catequização, principalmente os franciscanos e os jesuítas, de outro lado:

> Há títulos ligados a uma proteção especial: Nossa Senhora das Brotas, padroeira dos agricultores e dos criadores de gado; Nossa Senhora do Desterro, dos Navegantes, protegem os que empreendem viagens perigosas; Nossa Senhora do Parto, do Bom Sucesso, da Natividade, ajudam no parto; Nossa Senhora do Bom Despacho, da Boa Hora, da Boa Morte, garantem morte na graça de Deus; Nossa Senhora do Carmo e do Rosário garantem rápida passagem pelo purgatório. Os escravos veneravam de modo especial Nossa Senhora do Rosário, e a menos conhecida Nossa Senhora de Lampadosa (de Lampedusa, ilha entre Malta e África). Há títulos que são mais antigos: Nossa Senhora do Ó, do Monte, da Luz, da Graça, da Escada. Algumas devoções entraram no Brasil durante os sessenta anos de união política de Portugal com a Espanha (1580 a 1640): Nossa Senhora do Pilar, da Cabeça, de Monserrat, da Penha. Algumas devoções eram as preferidas de alguma Ordem religiosa: os jesuítas propagavam Ajuda, Fé, Luz, Natividade, candelária; e é conhecida a devoção de Anchieta à Imaculada Conceição, a quem dedicou seu poema. Os franciscanos preferiam Conceição, dos Anjos, das Neves; os Agostinianos, Consolação, Correia, Bom Despacho. (HAUCK *Apud* CALIMAN, 1989, p. 75, 76)

Como apontado por Hauck no trecho acima, a invocação de Nossa Senhora da Penha é originária do norte da Espanha, assim como as invocações de Nossa Senhora de Montserrate, conhecida como a Virgem da Catalunha; Nossa Senhora da Cabeça, originária da Andaluzia; e Nossa Senhora do Pilar, cuja história se remete à evangelização da Península Ibérica pelo Apóstolo Tiago, filho de Zebedeu, também chamado de Tiago Maior. Segundo Megale, que fez o levantamento da história, folclore e iconografia de cento e doze invocações marianas no Brasil, essa última devoção foi introduzida diretamente no Brasil, sem uma primeira difusão por Portugal, ao contrário de outras devoções.

A invocação de Nossa Senhora do Ó, celebrada com a Festa da Expectação do Parto da Santíssima Virgem, instituída por Ildefonso de Toledo (607-667), canonizado como Santo Ildefonso, teve início na Espanha e se espalhou por Portugal, chegando ao Brasil com os portugueses. A invocação a Nossa Senhora das Angústias, iniciada em Granada no século XV, com a reconquista do último território da Península Ibérica que estava na posse dos muçulmanos, teve o mesmo percurso, chegando ao Brasil ao modo português:

> Da Espanha o culto de Nossa Senhora das Angústias passou para Portugal onde foi fundada uma irmandade para venerar os padecimentos de Maria Santíssima. Esta confraria iniciou no século XVIII a realização das procissões do "Encontro" e do "Enterro" na Semana Santa, uso que se espalhou também no Brasil durante o período colonial e ainda hoje continua nas cidades do interior. (...) Antigamente ela era festejada com folguedos populares e havia comércio de anéis, pulseiras e argolas de vidro, além de outros objetos religiosos. Sendo esta invocação muito antiga, as imagens conhecidas no Brasil são geralmente de roca. Seu culto foi divulgado em nosso país pelos monges beneditinos que lhe dedicavam grande devoção. (MEGALE, 1986, p. 33, 34)

Ainda é possível destacar as invocações de Nossa Senhora dos Desamparados, Padroeira de Valência; Nossa Senhora da Paz, iniciada em Toledo; Nossa Senhora da Soledade, muito difundida na Andaluzia, no sul da Espanha. Merece destaque a devoção a Nossa Senhora das Mercês, iniciada após ditas aparições de Maria ao militar francês Pedro Nolasco (1189-1256), canonizado em 1628 pelo papa Urbano VIII, assim como ao rei D. Jaime I de Aragão (1208-1276), que autorizou a fundação da Ordem Real e Militar de Nossa Senhora das Mercês da Redenção dos Cativos, que recebeu a filiação de muitos cavaleiros da Espanha, com o intuito de libertar os prisioneiros cristãos escravizados pelos mouros, durante a ocupação da Península Ibérica:

> A Ordem de Nossa Senhora das Mercês, após a aprovação do Santo Padre, espalhou-se pela Europa. Quando Cristovão Colombo descobriu a América, despertou a atenção dos mercedários para o enorme campo de atividades que se lhes deparava no Novo Mundo. A Milícia de São Pedro Nolasco logo aceitou o encargo de catequizar o selvagem americano do Mundo Espanhol. Os primeiros milicianos estabelecidos no Brasil vieram de Quito com Pedro Teixeira em 1639, quando o nosso país ainda se achava sob o domínio da Espanha , e se localizaram em Belém do Pará. Com a Restauração de Portugal, os governantes de Lisboa suspeitaram dos mercedários, mas a Câmara e o povo fizeram requerimentos pedindo a sua permanência naquela cidade, devido à grande obra social e de catequese que estavam empreendendo. (...) [No século XVIII], a Irmandade de Nossa Senhora das Mercês estabeleceu-se em Ouro Preto, com o intuito de libertar os escravos pretos e crioulos que trabalhavam nas minas. (...) Em Diamantina, sua festa se realiza a 17 de agosto com espetáculos de fogos de artifício, luminárias e foguetes, pois os

negros acham que foi ela quem inspirou a Princesa Isabel para libertar os escravos. (MEGALE, 1986, p. 237, 238)

Com as contribuições da pesquisa de Megale (1986), é possível perceber a adesão popular às invocações marianas, mesmo quando implantadas de cima para baixo, como os decretos reais em Portugal relacionados às devoções a Nossa Senhora da Conceição e Nossa Senhora da Glória, ou no caso da devoção a Nossa Senhora das Mercês com a criação da referida ordem real e militar.

A religiosidade popular se manifestava com essas grandes festas marianas e outras formas de devoção, como a reza familiar e comunitária do terço ou da ladainha de Nossa Senhora, o uso pessoal do escapulário do Carmo e a peregrinação aos santuários marianos, formas do fiel se relacionar com o seu santo ou com a figura de Maria, como foi apontado anteriormente com o trabalho de Clodovis Boff.

Embora a quase totalidade das devoções marianas tenham chegado ao Brasil com os portugueses, deve-se falar de uma raiz ibérica para a devoção mariana no país, ao invés de simplesmente uma origem portuguesa, pois houve um intercâmbio entre Portugal e Espanha, com um processo de difusão das devoções marianas pela Península Ibérica, cristianizada pelo Apóstolo Tiago Maior, o que deu origem à peregrinação a Santiago de Compostela, no noroeste da península, criando uma grande circulação populacional na região, geograficamente acima do território português, como uma das três peregrinações mais importantes do período medieval, como apontou o historiador Jacques Le Goff (2007). Espera-se, assim, que este texto tenha contribuído para um maior entendimento à devoção mariana no Brasil, em um importante momento de reflexão acerca dos 300 anos de fé e devoção a Nossa Senhora Aparecida.

Referências bibliográficas

AZEVEDO, Manuel Quitério de. *O culto a Maria no Brasil: História e Teologia*. Aparecida, SP: Editora Santuário; Academia Marial, 2001.

BOFF, Clodovis. *Mariologia social: O significado da Virgem para a sociedade*. São Paulo: Paulus, 2006.

CALIMAN, Cleto (org.). *Teologia e devoção mariana no Brasil*. São Paulo: Paulinas, 1989.

LE GOFF, Jacques. *As raízes medievais da Europa*. Tradução de Jaime A. Clasen. Petrópolis, RJ: Vozes, 2007.

MEGALE, Nilza Botelho.*Cento e doze invocações da Virgem Maria no Brasil:História-iconografia-folclore*. Petrópolis: Vozes, 1986.

SANTOS, Arnaldo Alexandre dos. *O culto de Maria Imaculada na Tradição e na história de Portugal: Um precioso legado que o Brasil fez fortificar*. Portugal; Brasil: Civilização; Art Press, 1996.

8

NACIONALISMOS LATINO-AMERICANOS E A DEVOÇÃO MARIANA

Leandro Faria de Souza[1]
Valéria Aparecida Rocha Torres[2]

Introdução

Em nossa contemporaneidade, em função dos conflitos mundiais que se articulam em nome de religiões, costuma-se alegar que as religiões não desencadeiam conflitos, mas são instrumentalizadas por disputas políticas aparecendo como bandeiras de movimentos que, na verdade, estão na ordem de interesses econômicos ou políticos. Se por um lado, essa afirmação representa uma posição importante ao denunciar a demonização de certas religiões como o islamismo, por outro lado, de certa forma, esse discurso assume que o fenômeno religioso não se constitui um campo autônomo na construção das relações sociais.

Por isso, neste texto, pretendemos abordar a questão religiosa na América sob a perspectiva das representações da Virgem Maria como um campo autônomo de construção de ideários sociais que se engendraram em torno da história do catolicismo no conti-

---

[1] Leandro Faria de Souza é mestre em ciência da religião e doutorando em ciência da religião na PUC-SP.
[2] Valéria Aparecida Rocha Torres é mestre em história pela Unicamp e doutoranda em ciência da religião na PUC-SP.

nente e não como um instrumento de interesses políticos e/ou econômicos. Como argumento de sustentação de nossas intenções trazemos a questão das Cruzadas. Durante décadas os estudos sobre as Cruzadas relacionaram esse movimento importantíssimo para a cristandade ocidental, como um processo de expansão econômica do Ocidente e direção ao Oriente movido por problemas demográficos, como a expansão territorial da nobreza feudal ou por razões como fome ou busca das rotas comerciais, entre outros motivos. Dessa forma, as análises sobre as Cruzadas acabaram relegando a um plano secundário suas motivações religiosas, ou então, as consideraram como um pretexto que norteava as motivações de outras naturezas.

Porém, a recente historiografia está questionando essas concepções e trazendo à tona estudos que pretendem analisar as motivações religiosas das Cruzadas como uma questão de primeiro plano, como é o trabalho de Thiago de Souza Ribeiro Chaves (2011) *A Primeira Cruzada e o Reino de Jerusalém: novas perspectivas historiográficas*; nesse texto o autor procura recolocar a questão religiosa como a primeira motivação do longo processo chamado Cruzadas.

> Assim, de maneira geral, a partir do momento em que a religião começou a perder seu poder de elucidação e até de credibilidade, elementos de outras naturezas se impuseram como justificativas sociais. Esse é um processo que todas as áreas de conhecimento viveram, um processo de laicização do próprio conhecimento método investigativo, surgido a partir do século XVIII, amadurecido no XIX e muito difundido no XX, e a História aí não é especial. O problema mais curioso nesse sentido é que houve a tentativa de retirar a dimensão religiosa justamente de uma temática estritamente religiosa de início e com pretensões declaradas também totalmente religiosas, conferin-

do-lhe outras razões de existir, que foram, por exemplo, políticas, econômicas ou demográficas. A Cruzada era – afirmamos isso apoiando-nos em Heers – uma questão de religião. Historiadores como o já citado Heers, Claude Chen, Joshua Prawer, Hans Mayer ou Jean Richard, por exemplo, já fizeram longas análises em que essas outras razões de existir, como dissemos acima, eram desconstruídas. O que resta, finalmente, de solidez documental é o elemento religioso. Substituindo-se as motivações religiosas por qualquer outra, se está subestimando uma esfera social muito importante para a época. Dizendo de outra maneira, comete-se o maior crime em História: o anacronismo, um dos recentes aprendizados que a História adquiriu a partir do momento em que se sentou nos bancos da escola da Antropologia. Não é porque a religião atualmente no Ocidente justifica muito pouco – apesar de todos os esforços do papado –, que outrora fora parecido. (Chaves, 2011, p. 3)

Portanto, ao aproximarmos projetos nacionalistas tanto no México como no Brasil com a construção de representações da Virgem Maria não queremos recorrer a uma interpretação simplista, viciada no ideário Iluminista que retira a dimensão religiosa de uma temática estritamente religiosa como é a questão da devoção à Virgem Maria na América Latina. Esse movimento devocional expressa a elaboração da mentalidade social latino-americana que por meio da produção de um amplo repertório de externalização pública de fé demonstra a importância que as imagens e os inúmeros títulos atribuídos à Virgem Maria representam na produção e construção das identidades sociais.

Ao mesmo tempo não somos ingênuos em desconsiderar as dimensões políticas que essa devoção assume, não como um mero instrumento de interesses de determinados grupos que se utilizam da religiosidade social como forma justificativa do poder, mas entendemos a devoção inserida na perspectiva do papel social que a Igreja católica – como instituição que esteve presente desde o primeiro momento em que portugueses e espanhóis pisaram na América – desempenhou na construção das sociedades latino--americanas, portanto, entendemos a devoção à Virgem Maria e seu vínculo com projetos nacionalistas inserida nesse complexo papel que as religiões e as religiosidades forjaram no Novo Continente.

1. A Virgem Nossa Senhora Conceição Aparecida

A aparição da imagem de Nossa Senhora Conceição nas águas do Rio Paraíba do Sul foi primeiramente registrada pelos padres José Alves Vilela, em 1743, e João Morais e Aguiar, em 1757; os registros foram feitos nos livros da Paróquia de Santo Antônio na cidade de Guaratinguetá, à qual pertencia o local onde a imagem foi encontrada em outubro de 1717, e a narrativa se apresenta da seguinte maneira:

> Dom Pedro de Almeida, governante da capitania de São Paulo e Minas de Ouro, homem que detinha também o título de Conde de Assumar, passava por Guaratinguetá, SP, quando viajava para Vila Rica, MG. A população organizou uma festa para receber o conde de Assumar. Para prepararem a comida, pescadores foram para o rio Paraíba com a difícil missão de conseguirem muitos peixes para a comitiva do governador, mesmo não sendo tempo de pesca. Domingos Garcia, Filipe Pedroso e João Alves, sentindo o peso de sua responsabilidade,

fizeram uma oração pedindo a ajuda da Mãe de Deus. Depois de tentar várias vezes sem sucesso, na altura do Porto Itaguaçu, já desistindo da pescaria, João Alves lançou a rede novamente. Não pegou nenhum peixe, mas apanhou a imagem de **Nossa Senhora da Conceição**. Porém, faltando a cabeça. Emocionado, lançou de novo a rede e, desta vez, pegou a cabeça que se encaixou perfeitamente na pequena imagem. Só esse fato, já foi um grande milagre. Mas, após esse achado, eles apanharam tamanha quantidade de peixes que tiveram que retornar ao porto com medo de a canoa virar. Os pescadores chegaram a Guaratinguetá eufóricos e emocionados com o que presenciaram e toda a população entendeu o fato como intervenção divina. Assim aconteceu o primeiro de muitos milagres pela ação de Nossa Senhora Aparecida.[3]

A estrutura da narrativa da aparição de Nossa Senhora Conceição Aparecida é simultaneamente simples e profunda: os pescadores encontram uma imagem com o corpo dividido, ao lançarem suas redes ao rio; apesar da simplicidade desse ato, o lançar as redes ao rio várias vezes sem encontrar peixes remete a outra história básica do cristianismo, em que Jesus convoca os apóstolos pescadores a serem pescadores de homens. Os peixes estão presentes nos quatro evangelhos sempre relacionados aos milagres de Jesus Cristo, assim, apesar do cenário produzido na aparição de Nossa Senhora Aparecida remeter-se ao cotidiano da vida do homem simples do período colonial no Vale do Paraíba, essa cena traz consigo o poder milagroso de Jesus na multiplicação dos peixes, alimento do corpo e do espírito, além de simbolizar uma história universal, ou seja, que pode ser narrada em qualquer contexto histórico.

---

[3] Disponível em: <http://www.cruzterrasanta.com.br/historia-de-nossa-senhora-aparecida>. Acesso em 3 de mai. de 2017.

Além disso, a Virgem Conceição Aparecida não traz uma mensagem revelada; ela não fala com os pescadores; eles simplesmente a encontram no rio e sua imagem, logo em seguida, lhes traz peixes em abundância. Ela não aparece espiritualmente, sua imagem é materialmente realizada, o fato de estar dividida pode representar a Igreja. Em uma imagem também recorrentemente utilizada pelo catolicismo, Cristo é cabeça e a Igreja seu corpo. Nesse momento do encontro no rio, ambos estão separados, mas irão se unir novamente por meio das mãos do povo brasileiro representado por simples pescadores.

Mas entre os séculos XVIII e XX, um longo percurso histórico, construíram-se inúmeras formas de relacionamento com Nossa Senhora Aparecida, por meio do qual podemos compreender as mudanças no catolicismo brasileiro e colocá-lo como protagonista e aglutinador de forças sociais diversas que, em torno da devoção mariana, norteia a religiosidade pública brasileira.

Há que se considerar que, do século XVIII até meados do século XIX, as expressões de externalização da fé e da religiosidade pública no Brasil foram gestadas e geridas pelas Irmandades Religiosas que, também, representavam setores da sociedade de forma segmentada (brancos, negros e pardos tinham suas próprias Irmandades); não há dúvida de que essa forma de prática religiosa retratava a própria estrutura da sociedade colonial brasileira e, posteriormente, a estrutura social do Brasil independente.

Assim, entre o século XVIII e o XIX sob a perspectiva descrita anteriormente, havia pouco espaço para a formulação e investimento em um símbolo religioso que representasse a unidade *nacional*. Em primeiro lugar, pelo fato de que até 1822 o Brasil foi colônia de Portugal e, posteriormente, com a independência do Brasil, que de forma *sui generis* foi encaminhada pela própria metrópole, praticamente "copiamos" o modelo da administração portuguesa fundamentalmente no que se refere às relações com a Igreja católica, pois, a Constituição de 1824 indicava em seus artigos 5°; 14° e 2° § do artigo 102 que a Igreja católica, além de religião oficial do Brasil, estava subordinada ao poder do Estado. No entanto, o que temos na prática é a Igreja durante todo o século XIX gerenciando a vida civil por meio do controle dos batismos, casamentos, assentos de óbito e fundamentalmente homologando por meio do Curato terras que doadas à Igreja poderiam ou não se tornar povoados. Resumindo, a formação das cidades brasileiras dependia do aval eclesiástico.

Dessa forma, a necessidade do investimento em um símbolo religioso de caráter nacional começou a se desenhar na segunda metade do século XIX em diante, quando as relações entre o Estado e a Igreja Católica passaram a ser veementemente atacadas pelo projeto de modernidade em curso no Brasil. Esse processo se acirrou a partir da Questão Religiosa (1870) e, de acordo com Juliana Beatriz Almeida de Souza (2013), a primeira romaria oficial organizada pela Igreja de que se tem notícia, em direção até Aparecida, é de 1873; anteriormente, durante um século, temos romarias independentes.

Mas foi nas primeiras décadas do século XX, após a proclamação da República, com a separação oficial entre Igreja e Estado no Brasil, que a Igreja católica impulsionou uma devoção que já existia desde o século XVIII. No entanto, esse projeto devocional investido na imagem de Nossa Senhora Conceição Aparecida como símbolo religioso assumiu outros contornos "Aparecida tinha tudo para ser o grande traço de união simbólico entre todas as etnias e posições sociais que habitavam esta singular nação mestiça, católica, republicana. Símbolos e projetos, guardados pela memória, são uma amarra fundamental para a identidade de um indivíduo, de um grupo ou de um povo" (Almeida y Souza, 2013, p. 15).

A partir desse processo, toda uma estrutura em torno da devoção a Nossa Senhora Aparecida foi gradativamente se consolidando, até que em 1930 é oficialmente reconhecida no dia 16 de julho como a Principal Padroeira do Brasil; esse ato consolida a posição que a Igreja católica assumiu durante toda a Primeira República, que foi o de marcar o território simbólico de união nacional em torno da imagem de Nossa Senhora Aparecida.

Esse processo que começou com D. Acorvede se consolida com D. Sebastião da Silveira Leme, que assumiu no governo Vargas um papel de grande interlocutor e ainda mais concretizou, por meio de inúmeras ações e de um grupo de intelectuais católicos, o projeto ingerência da Igreja na vida civil brasileira, em um processo de mão dupla, pois, o Estado Varguista também necessitava da Igreja para angariar apoio político da população ao governo.

> A Revolução de 1930 que colocou Getúlio Vargas no poder, marcou de forma indelével a relação da Igreja com a sociedade política. Dom Leme queria exercer, por meio dos intelectuais orgânicos, uma ação firme e decisiva no sentido de influenciar o aparelho de Estado e, a partir dele, a sociedade civil, de modo a concretizar o processo de *restauração*. Da mesma maneira, o Estado precisava da Igreja como aliada a fim de que esta, juntamente com outros aparelhos da sociedade civil, difundisse uma visão de mundo favorável ao governo. Isso porque a Igreja "era, melhor do que qualquer partido político, um aparelho com alcance nacional capaz de mobilizar

a opinião pública em favor da Revolução". (SCHWARTZ-MAN, 2000, p. 62)
Assim, Francisco Campos, Ministro da Educação e Saúde, solicita à Igreja "modelos e quadros de disciplina e ordem espiritual". Em 1934, Gustavo Capanema, considerado homem forte da Igreja, assumiu o Ministério da Educação e Saúde, "encarregado de executar seu projeto educacional e pedagógico, tal como era expresso através de seu representante leigo mais autorizado", o Diretor da revista *A Ordem* e do Centro Dom Vital, Alceu de Amoroso Lima que viria a ser "o principal conselheiro de Capanema" (SCHWARTZMAN, 2000, p. 66). (Mesquida, 2009, p. 285)

Desde então, é incontestável a influência que a devoção a Nossa Senhora Conceição Aparecida exerce sobre a vida da sociedade brasileira, um papel consolidado por meio da política construída pela Igreja católica durante a República como interface do Estado "Laico". Sendo assim, a devoção mariana no Brasil é o tom, o caráter e produz um estilo de vida tanto moral quanto estético na sociedade brasileira. Esse processo que perdurou todo o século XX marca uma característica importante da religiosidade brasileira e sua identificação com o catolicismo por meio da imagem da Virgem Maria. Temos que indicar que este é um processo em continua elaboração. Por isso na década de 1980, em função da visita do papa João Paulo II ao Brasil, decretou-se a lei 6.802/80 que institui o dia 12 de outubro como feriado nacional, marcando mais um episódio importantíssimo na construção da identidade nacional como uma identidade católica e mariana.

Como bem retrata Maria Lúcia Montes (2012) em seu livro *Figuras do Sagrado: entre o público e o privado na religiosidade brasileira*, quando o bispo Sérgio von Helder da Igreja Universal do

Reino de Deus chutou a imagem de Nossa Senhora Aparecida, em 12 de outubro de 1995, seu ato foi tomado como uma ofensa pessoal a cada brasileiro.

2. A Virgem de Guadalupe

O contexto do surgimento da devoção a Nossa Senhora de Guadalupe pode ser visto como produto de um processo histórico que possui características particulares, e que podem ser analisadas a partir do que chamamos de marcos iniciais para a consolidação dessa tradição.

Um desses marcos foi a elaboração de um texto em língua *nauatle* denominado *Nican Mopohua*. Esse texto é uma narração das aparições da Virgem Maria ao indígena Juan Diego, entre os dias 9 e 12 de dezembro de ano de 1531. Estruturalmente, o relato inicia-se com a apresentação de Juan Diego:

> Aquí se cuenta, se ordena, cómo hace poco, milagrosamente se apareció la perfecta Virgen Santa María Madre de Dios, nuestra reina, allá en el Tepeyac, de renombre Guadalupe. Primero se hizo ver de un indito, su nombre Juan Diego; y después se apareció su Preciosa Imagen delante del reciente Obispo Don Fray de Zumárraga [...]. Diez años después de conquistada la ciudad de México, cuando ya estaban depuestas las flechas, los escudos, cuando por todas partes había paz en los pueblos, así como brotó, ya verdece, ya abre su corola la fe, el conocimiento de Aquel por quien se vive: el verdadero Dios. En aquella sazón, el año 1531, a los pocos días del mes de diciembre, sucedió que había un indito, un pobre hombre del pueblo; su nombre era Juan Diego, según se dice, vecino

> de Cuauhtitlan, y en las cosas de Dios, en todo partencia a Tlatilolco. Era sábado muy de madrugada, venía en pos de Dios y de sus mandatos. Y al llegar cerca del cerrito llamado Tepeyac ya amanecía. Oyó cantar sobre el cerrito, como el canto de muchos pájaros finos; al cesar sus voces, como que les respondía el cerro, sobremanera suaves, deleitosos, sus cantos sobrepujaran al de coyoltototl y del tzinitzcan y al de otros pájaros finos. Se detuvo a ver 14 Juan Diego. Se dijo: ¿or ventura soy digno, soy merecedor de lo que oigo? ¿Quizá solamente lo veo como entre sueños? (Nebel, 2005, p. 171-172)

Nota-se que o texto se constrói com uma carga simbólica específica, ligada diretamente à raiz cultural indígena. Esse fato irá nos permitir a introdução de informações vinculadas ao provável autor dessa narrativa. Por ora, seguiremos na apresentação desse importante documento. Na continuidade, o relato trata da relação que se inicia entre o índio e a Virgem Maria:

> En su presencia se postró. Escuchó su aliento, su palabra, que era extremadamente glorificadora, sumamente afable, como de quien lo atraía y estimaba mucho. Le dijo: "Escucha, hijo mío el menos, Juanito. ¿A donde te diriges?". Y él le contestó: "Mi Señora, Reina, Muchachita mía, allá llagaré, a tu casita de México Tlatilolco, a seguir las cosas de Dios que nos dan, que nos enseñan quienes son las imágenes de Nuestro Señor: nuestros Sacerdotes". En seguida, con esto dialoga con él, le descubre su preciosa voluntad; le dice: "Sábelo, ten por cierto, hijo mío el más pequeño, que yo soy la perfecta siempre Virgen Santa María, Madre del verdaderísimo Dios por quien se vive, el creador de las personas, el dueño de la cercanía y de la inmediación, del cielo, el dueño de la tierra. Mucho quiero, mucho deseo que aquí me levanten mi casita sagrada en donde lo mostrar

é; lo ensalzaré el ponerlo de manifiesto; lo daré a las gentes en todo mi amor personal, en mi mirada compasiva, en mi auxilio, en mi salvación". (Nebel, 2005, p. 173-174)

Aqui o indígena Juan Diego já é caracterizado como um cristão em formação. Ao mesmo tempo, a Virgem Maria estabelece através desse personagem um elo entre a vontade de Deus e seus filhos na terra. Com o decorrer da história, desenvolvem-se as dificuldades enfrentadas por Juan Diego para cumprir a sua tarefa. Inicialmente, a autoridade da Igreja não lhe dá crédito e solicita ao índio que traga uma prova que confirme a veracidade da sua mensagem. Nesse processo, introduz-se mais um personagem, o tio de Juan Diego, que, acometido de uma doença, está moribundo, mas, por intervenção da Virgem, fica curado. Esse fato faz com que Juan Diego consiga encontrar-se com a Virgem para pedir-lhe a prova necessária.

Maria solicita a ele que suba novamente ao Monte Tepeyac e corte as flores que ali encontrar. Obedecendo às suas ordens, o indígena corta-as, e em seguida Maria deixa claro que aquelas flores só deveriam ser vistas pelo bispo, e que a partir de então seriam a prova de sua mensagem. Na parte final do relato, descrevem-se a chegada de Juan Diego ao palácio do bispo e o milagre da estampação:

> Y luego extendió su blanca tilma, en cuyo hueco había colocado las flores. Y así como cayeron al suelo todas las variadas flores preciosas, luego allí se convirtió en señal, se apareció de repente la Amada Imagen de la Perfecta Virgen Santa María, Madre de Dios en la forma y figura en que ahora está, en donde ahora es conservada en su amada casita, en su sagrada casita en el Tepeyac, que se llama Guadalupe. Y en cuanto la vio el Obispo Gobernante y todos los que allí estaban, se ar-

rodillaron, mucho la admiraron, se pusieron de pie para verla, se entristecieron, se afligieron, suspenso el corazón, el pensamiento... Y el Obispo Gobernante con llanto, con tristeza, le rogo, le pidió perdón por no luego haber realizado su voluntad, su venerable aliento, su venerable palabra. Y, cuando se puso de pie, desato del cuello de donde estaba atada, la vestidura, la tilma de Juan Diego en la que se apareció, en donde se convirtió en señal la Reina Celestial. (Nebel, 2005, p. 199-200)

Dessa forma, a primeira narrativa sobre a aparição da Virgem Maria no México que remonta do século XVI é fundamental para a compreensão de uma das facetas fundamentais do processo de colonização da América, a presença da Igreja Católica e a sua fundamental importância na construção das relações sociais no continente, tendo em vista que essa produziu, por meio da interlocução com os povos indígenas[4], um processo cognitivo em que Juan Diego representa a integração de dois mundos.

Assim, Juan Diego e a Virgem Maria representam na conquista da América o espaço compartilhado por esses dois mundos, mas a intencionalidade da supremacia do pensamento cristão sobre a mentalidade do indígena é apenas uma faceta dessa história, pois, nessa interseção cultural a Igreja Católica representa também, talvez até sem intencionalidade, um papel de mediação na construção de sentidos para o mundo novo que emergiu desses povos em contato, apesar da violência concreta e simbólica.

Uma característica cultural apontada por Miguel León--Portilla (2000) e que favorece a compreensão da estrutura da sociedade indígena, refletindo diretamente na forma pela qual Juan Diego vai sendo construído a partir do *Nican Mopohua*,

---

[4] Obviamente, não estamos excluindo o sistema de dominação violenta que o processo comportou

é a estrutura linguística utilizada durante o processo de construção desse documento. A esse respeito, o esquema elaborado por Antonio Valeriano em relação aos elementos formadores da narrativa, não só na forma de escrita, mas também nas expressões utilizadas por ele durante a construção de seu texto, permite a visualização de uma tradição indígena específica, visto que já havia textos chamados "cantares mexicanos" atuando na base da concepção do Nican Mopohua.

Assim, temos a Virgem de Guadalupe formulada desde o princípio da colonização do México como um marco simbólico e representativo de um projeto conquistador que procura ser simbiótico entre a imagem do indígena conquistado – Juan Diego – e o credo do conquistador – a Virgem Maria. Essa formulação foi necessária ao projeto da conquista da América pelos espanhóis, afinal, as sociedades indígenas – Astecas e Maias – eram sociedades estruturadas com projetos próprios de civilização; para além da aniquilação (que de fato ocorreu), era necessário aos espanhóis produzir imagens, conceitos e representações que demonstrassem a possibilidade da "integração" entre o conquistador e conquistado.

A imagem da Virgem Maria – sob o título Nossa Senhora de Guadalupe – representa essa possibilidade de integração, um projeto do Rei de Espanha conquistador, sem dúvida alguma, mas também um projeto da Igreja católica conquistadora, que no século XVI está envolta ao grande empreendimento da Reforma Tridentina.

Dessa forma, desde o momento em que a visão de Juan Diego foi gestada, sua relação com a Virgem Maria transforma-se no elemento de espaço compartilhado, utilizando a metáfora moderna da tecnologia, são interfaces de uma história que atravessa séculos se reformulando em função de propósitos diferenciados, e este texto pretende refletir acerca de projetos políticos nacionalistas e a sua apropriação da religiosidade social, não como mera instrumentalização, mas projetos políticos que compreendem a importância crucial que a religião e a religiosidade exercem na construção da vida social.

Considerações finais

Analisando brevemente alguns recortes históricos a respeito da devoção à Virgem Maria no Brasil e no México é possível encontrar múltiplos processos devocionais que mudam de acordo com as necessidades de seus contextos históricos, porém, esses contextos trazem um ponto em comum, a crucial presença da Igreja católica como interlocutora e formuladora das construções devocionais à Virgem Maria e, neste sentido, a Virgem Maria pode ser considerada um sujeito histórico que simboliza projetos de unidade e coesão social, assim, no México, logo no início da conquista, a imagem da Virgem representa uma aproximação do indígena, ao mesmo tempo em que simboliza a senhora benevolente que trata o conquistado com condescendência, por isso, sua imagem necessariamente necessitou ser acompanhada da imagem de Juan Diego. Ao consolidar essa relação nas primeiras narrativas da aparição da Virgem Maria no México, podemos constatar que em diferentes contextos históricos a imagem do indígena pode ser excluída dependendo das necessidades políticas conjunturais.

Analisando a historicidade das duas devoções, é possível notar que ambas se inserem no movimento proposto pela Igreja católica, de mobilização e formação social, principalmente no que diz respeito à gradativa participação em movimentos políticos, e têm por base o incentivo de uma religiosidade específica, contendo em sua raiz o realce de elementos culturais. Propomos, nesse sentido, que tanto a devoção a Nossa Senhora Aparecida quanto a devoção a Nossa Senhora de Guadalupe são exemplos da influência da Igreja católica no desenvolvimento das identidades nacionais e, por meio delas, a instituição se apropriou dessas devoções utilizando-as como ferramentas de influências nas atividades cotidianas da população, introduzindo, gradativamente, mentalidades que respondessem às necessidades do catolicismo em ambos os contextos. Nessa perspectiva, tanto a devoção a Nossa Senhora de Guadalupe quanto a Nossa Senhora Aparecida são objetos de abordagem para o estudo da religião e sua influência nas diferentes esferas das atividades humanas, favorecendo assim a ampliação dos horizontes nas discussões em torno da religiosidade.

Referências bibliográficas

ALMEIDA Y SOUZA, Juliana Beatriz. Construção da memória e devoção na escolha de Nossa Senhora Aparecida como padroeira do Brasil. *XIV Jornadas Interescuelas/Departamentos de Historia*. Departamento de Historia de la Facultad de Filosofía y Letras. Universidad Nacional de Cuyo, Mendoza. 2013.
CHAVES, Thiago de Souza Ribeiro. A Primeira Cruzada e o Reino de Jerusalém: novas perspectivas historiográficas. *In*: Anais do XXVI Simpósio Nacional de História – ANPUH – São Paulo, julho 2011.

MESQUIDA, Peri. A Educação na Restauração Lemista da Igreja: a missão de Tristão de Athayde e Stella de Faro no Ministério da Educação e Saúde Pública – 1934/1945. *In*: Rev. Diálogo Educ., Curitiba, v. 9, n. 27, p. 279-295, maio/ago. 2009.

MONTES, Maria Lúcia. Maria Lúcia. *Figuras do Sagrado: entre o público e o privado na religiosidade brasileira*. São Paulo: Claro Enigma. 2012.

LEÓN-PORTILLA, Miguel. *Tonantzin Guadalupe: pensamiento náhuatl y mensaje cristiano en el "Nican Mopohua"*. México: Fondo de Cultura Económica/El Colegio Nacional, 2000.

NEBEL, Richard. *Santa Maria Tonantzin Virgen de Guadalupe: continuidad y transformación religiosa en México*. México: Fondo de Cultura Económica, 2005.

9

A BELEZA SIMBÓLICA DAS IMAGENS MARIANAS COMO MEDIAÇÃO DA EXPERIÊNCIA RELIGIOSA

Michele dos Santos Dias[1]

Introdução

Maria é figura presente na experiência de fé cristã; em torno de sua eleição e participação na história da salvação se construiu um imaginário religioso expresso em diversas devoções marianas ao longo da história, em contextos e configurações culturais diferenciadas, que contribuíram para uma vasta expressão religiosa. A devoção construída em torno de Maria se inspirou a começar em cenas da história da salvação na narração bíblica, até experiências místicas de aparições como Aparecida, Fátima, Nossa Senhora da Piedade, celebradas neste ano mariano pelo jubileu de 300 anos da aparição da imagem de Aparecida no Brasil, os 100 anos da aparição de Fátima, em Portugal, e os 250 anos de peregrinação ao Santuário de Nossa Senhora da Piedade, do Caeté-MG. Este imaginário simbólico construído por meio dessas inspirações se manifesta

---

[1] Michele dos Santos Dias é graduada em filosofia pela Faculdade Dehoniana, Taubaté-SP, e mestranda em ciências da religião pela Pontifícia Universidade Católica de Campinas, PUC - Campinas. Especialista em artes visuais, intermeios e educação pela Universidade Estadual de Campinas, UNICAMP. Membro associada da Academia Marial de Aparecida – AMA.

em diferentes expressões e práticas de fé, em que uma das principais mediações da experiência religiosa mariana é a imagem.

A imagem religiosa é, essencialmente, simbólica e opera em uma dupla função na expressão de seus elementos: "a imagem (...) atua no duplo registro ('dupla realidade') de uma presença e de uma ausência" (AUMONT apud LOPES, 2003, p. 1). Portanto, as imagens apresentam-se como expressão simbólica que atua na transmissão de uma mensagem, enquanto presença expressa nos elementos de sua representação, e uma ausência que se reconhece no significado que sua forma evoca, e nesse sentido se torna possível lugar de manifestação do Mistério Infinito que ela figura na forma finita da imagem.

É na experiência estética de contemplação da beleza da imagem que está conjugada a experiência religiosa da beleza que se deixa alcançar pela Beleza do Mistério que irradia no fragmento e alcança a alma humana. Assim como Maria foi terreno onde o Eterno pousou suas asas no fragmento do tempo, manifestando a Beleza na beleza humana e histórica, no encontro da figuração simbólica da beleza de Maria nas imagens e o encontro de sua figura com o Mistério Infinito, a contemplação das imagens marianas se torna um espaço de encontro com a Beleza, na beleza da imagem que figura a beleza de Maria e é lugar de manifestação da Beleza do Eterno.

Esta pesquisa tem por objetivo apresentar uma reflexão acerca da beleza das imagens marianas como possibilidade de mediação da experiência religiosa na expressão e contemplação de seus elementos simbólicos. Justifica-se esta pesquisa dada a importância desse elemento na experiência religiosa expressa em devoções marianas, em que a imagem é relevante elemento de mediação desta experiência na representação e contemplação de sua beleza. Para isso, o trabalho terá como base o pensamento do teólogo Bruno Forte que apresenta a beleza como porta de acesso à Beleza, considerando a obra de arte um possível lugar da experiência religiosa na expressão de sua beleza e a figura de Maria como ícone da Beleza do Mistério na leitura da mariologia simbólico-narrativa proposta pelo autor, considerando-a símbolo que concentrou a densidade teológica da história da salvação (cf. FORTE, 1991). Para atingir esse propósito, a pesquisa irá refletir a beleza das imagens em dois aspectos: a experiência estética imediata, considerando o símbolo como transmissor de uma mensagem na expressão da totalidade de seus elementos, e a experiência estética mediata, considerando o símbolo como mediação da experiência religiosa, no que tange a representação simbólica como possível local de manifestação ou encontro com a Beleza na beleza das imagens marianas.

1. A beleza como mediação da experiência religiosa em Bruno Forte

Arte e religião possuem aproximações e semelhanças visíveis quanto à sua forma de expressão mediada pelo símbolo. Na arte e na religião o conjunto de símbolos expressos em obras, imagens, totens, transmite mensagens impressas pelo artista que compõem a obra, autor que figura uma imagem, ou compõe um totem ou elemento religioso. Considerando a dupla função do símbolo apontada por Jacques Aumont[2], essas expressões simbólicas narram uma mensagem em sua forma e na unidade de seus elementos, em seu aspecto de presença dada em sua forma, e ainda é

---

[2] O autor destaca uma dupla função no símbolo: uma presença e uma ausência na forma que expressa e evoca um sentido ou o significante a qual ele figura (cf. LOPES, 2003, p. 1).

possível espaço de manifestação de um mistério no seu aspecto de ausência, dada no significado ou sentido que ela evoca em sua representação.

Bruno Forte[3] apresenta essa ideia ao apontar a beleza como caminho que conduz à experiência da Beleza do Mistério, considerando a obra de arte em suas diferentes linguagens um possível lugar de uma autêntica experiência religiosa, na verdade que ela narra na unidade e beleza de seus símbolos e a Beleza que ela pode evocar na beleza da obra. Forte apresenta ainda Maria como ícone do Mistério, destacando sua figura como símbolo de uma beleza finita na história que condensou nas entranhas de sua humanidade a Beleza, sem exaurir a Infinitude e revelando sua face humana, sem esgotar o seu Mistério.

Ao apresentar Maria como ícone, Bruno Forte ressalta o símbolo como um importante elemento de transmissão de uma mensagem, pois comunica e evoca um sentido ou significado sem esgotá--lo, assim "no símbolo percebe-se mais significado do que o que pode ser articulado e compreendido, suscitam-se novos impulsos de pensamento e de vida, o homem sente-se alcançado por uma alteridade que o provoca" (FORTE, 1991, p. 15), e ao evocar "junta o que é infinitamente distante" (FORTE, 1991, p. 15). A partir dessa afirmação o teólogo apresenta Maria como símbolo que integrou em seu fragmento a densidade teológica da história da salvação, revelando o Mistério sem esvaziá-lo, mas se tornando uma beleza finita no fragmento do tempo que aponta para uma Beleza infinita.

---

[3] Bruno Forte, teólogo e filósofo contemporâneo, possui formação e doutorado nas duas áreas do conhecimento. Em 1974, conclui doutorado em teologia e, em 1977, o doutorado em filosofia. Publica reflexões acerca de diferentes temáticas, com ênfase em teologia, filosofia, ética, arte e cultura. Possui uma ampla e consistente produção acadêmica através do diálogo entre diferentes áreas do conhecimento. É arcebispo de Chieti-Vasto na Itália, membro do Conselho Pontifício para a Cultura.

Bruno Forte apresenta assim a figura de Maria e toda a mariologia como resumo denso da experiência de fé cristã na história da salvação, na qual em Maria se encontra de alguma forma "o Todo no fragmento: sua autonomia relativa não é absolutização indevida ou separação arbitrária, mas espaço para se delinearem os traços de um ícone no qual se reflita a totalidade" (FORTE, 1991, p. 34-35) e no estudo que se constituiu sobre sua figura "um compêndio argumentativo, narrativo e simbólico, rico de força evocativa (...)" (FORTE, 1991, p. 35). Assim Maria é apontada como ícone, e todo estudo ou representação de sua figura possui essa força simbólica narrativa e evocativa.

É devido à sua força simbólica que Maria é apresentada como ícone do Mistério e porta, consistindo em um caminho de fecundidade existencial que aproxima do coração do Mistério. Ela é porta da beleza, pois "espelha de modo singular 'a Beleza que salvará o mundo'" (FORTE, 1991, p. 36). Em Maria a função narrativa e a evocativa do símbolo se integram "exprimindo em seu conjunto o dinamismo que atravessa o mistério da Virgem Mãe (...), a mulher concreta de Nazaré, o ícone de todo o mistério cristão" (FORTE,1991, p. 37). Assim, por ser símbolo concreto, é caminho que conduz ao Mistério, e ícone da Beleza que se revela na beleza humana, pela densa e profunda Verdade que revelou e evocou em sua história. Maria possui em sua densidade teológica a mesma característica do ícone, pois nela ocorre o duplo movimento de descida de Deus e subida do homem, ela é fragmento finito de mediação entre o Eterno e o tempo, assim é "esse jogo de concretude visível e de profundidade invisível que faz falar de Maria como de ícone" (FORTE, 1991, p. 147).

Bruno Forte apresenta que a beleza da obra de arte, em sua função narrativa que revela uma Verdade, e evocativa, que é possível lugar de manifestação ou encontro com o Mistério, é porta de acesso à Beleza. Assim, na experiência religiosa mediada pelas imagens marianas que figuram a beleza icônica de Maria em um símbolo, encontramos um possível espaço de manifestação ou encontro com o Mistério.

No centro da experiência mediada pelo símbolo encontramos o objeto (objetos religiosos: imagens, mitos, ritos, textos sagrados, gestos; e objetos artísticos: música, forma, dança, pintura, escultura) que condensa significados, sugere ou transmite um sentido (ELIADE, 1979). Em ambas as dimensões a experiência ocorre na contemplação deste objeto na experiência religiosa, e na apreciação de uma obra de arte na experiência estética. Bruno Forte apresenta que é na beleza do fragmento da obra que irradia a Beleza do Mistério, assim como essa Beleza fulgurou em Maria, ela fulgura no fragmento finito e toda a antinomia que ele possui, revelando uma beleza ulterior e infinita, assim, na contemplação de uma imagem ou obra de arte ocorre a experiência estética religiosa.

A beleza da obra de arte pode transmitir uma mensagem e hospedar o Mistério. Nesse sentido a experiência estética através das imagens religiosas e a arte se encontram, uma vez que o símbolo é elemento substancial para expressão de uma ideia ou significado. Assim como elementos de uma expressão religiosa nascem a partir de um imaginário, uma obra produzida pelo artista é criada a partir de um imaginário, constituído e expresso em imagens e símbolos que em sua dimensão de beleza é porta para o Mistério, constituindo-se ambas como possível local de uma experiência religiosa.

2. A beleza das imagens marianas na experiência estética imediata

A palavra imagem não possui uma simples definição, visto que ao longo da história, em diferentes contextos e áreas do conhecimento, recebeu diversos e divergentes significados, na filosofia, arte, religião. Porém, mesmo diante de semelhanças e divergências na significação da palavra, pode-se compreender que imagem "designa algo que, embora não remetendo sempre para o visível, toma de empréstimo alguns traços ao visual e, em todo caso, depende da produção de um sujeito: imaginária ou concreta, a imagem passa por alguém, que a produz ou a reconhece" (JOLY, 2007, p. 13).

Na filosofia antiga, duas grandes definições se apresentaram no pensamento de Platão, que definia imagem como reflexo, imitação, cópia do mundo perfeito das ideias, podendo desviar a alma humana da Verdade, e no pensamento de Aristóteles que definia a imagem como representação mimética do real. Para Platão, imagem natural, que é reflexo ou sombra do mundo das ideias, é "a única imagem graciosa" (JOLY, 2007, p. 19), pois pode converter-se em instrumento da filosofia, sendo toda criação (cópia imperfeita) que pode enganar a alma humana e desviá-la do caminho da Verdade. Enquanto para Aristóteles a imagem "é eficaz pelo próprio prazer que nos proporciona" (JOLY, 2007, p. 19) pode instruir e direcionar ao conhecimento. Ambas divergem quanto ao que é a imagem e sua função, e convergem no aspecto que considera a imagem um recorte, que não representa a totalidade do real ou a plenitude da perfeição.

A noção de imagem constituída pela tradição judaico-cristã apresenta algumas aproximações com a filosofia ocidental. Entre a teoria de Platão que defende imagem como reflexo, ou cópia do mundo perfeito das ideias, e a definição bíblica que apresenta o homem como imagem e semelhança de Deus; o conceito de imagem se aproxima na definição de imagem como semelhança. Em ambas a imagem se apresenta como semelhança de uma perfeição absoluta, portanto se aproxima, é reflexo dessa perfeição e não a totalidade dela. Nessa definição a própria humanidade é imagem, constituída como "seres que se assemelham ao Belo, ao Bem, e ao Sagrado" (JOLY, 2007, p. 16).

> No início, havia a imagem. Para onde quer que nos viremos, existe a imagem. Por todo lado através do mundo, o homem deixou vestígios das suas faculdades imaginativas sob a forma de desenhos feitos na rocha e que vão desde os tempos mais remotos do paleolítico até a época moderna. (JOLY, 2007, p. 18)

A humanidade desde seus inícios deixou vestígios de seu existir e de seu imaginário representando fatos e traços do real, o cotidiano, as relações, criação, imaginário simbólico, religioso, imagens lúdicas, através de desenhos, pintura, escultura, como forma de comunicação de mensagem e fatos, e expressão de seu ser. A imagem foi e é tema de reflexões e conceituações, esteve "presente na origem da escrita, das religiões e da arte" (JOLY, 2007, p. 19). Dessa forma, a presença da imagem nas religiões de tradição judaico-cristã possui uma importância central, "Não apenas porque as representações religiosas se encontram amplamente presentes em toda a história da arte ocidental mas, de um modo mais profundo, porque a noção de imagem, assim como o seu estatuto, constituem um problema chave da questão religiosa" (JOLY, 2007, p. 18). Assim, afirma Joly:

Instrumento de comunicação, divindade, a imagem assemelha-se ou confunde-se com aquilo que ela representa. Visualmente imitadora, pode tanto enganar quanto educar. Reflexo, ela pode conduzir ao conhecimento. A vida no Além, o Sagrado, a Morte, o Saber, a Verdade, a Arte, tais são os campos para os quais o simples termo imagem nos remete, se tivermos nem que seja só um pouco de memória. (JOLY, 2007, p. 19)

Um dos principais elementos que compõem uma imagem religiosa é o símbolo, capaz de transmitir ou sugerir um sentido, ele aponta para a ânsia que o ser humano possui de prolongar uma manifestação, experiência ou intuição do sagrado, assim como a eternização de uma ideia, intuição ou experiência artística no mundo e na história. O complexo simbólico que compõe a unidade de uma obra ou imagem não narra uma significação fechada, uma vez que o símbolo possui uma dupla função: comunicar um sentido e evocar um significado. O símbolo é elemento que dialoga com a pessoa que contempla uma obra ou uma imagem, que comunica e "dá a pensar" (RICOEUR, 1978, p. 243), sugere um significado e possibilita a construção de sentido pelo observador, uma vez que "a sentença sugere, pois, ao mesmo tempo, que tudo já está dito em enigma e que, contudo, é preciso sempre tudo começar e recomeçar na dimensão do pensar" (RICOEUR, 1978, p. 243).

A experiência estética dada pelo símbolo ocorre em uma dupla função, em que a primeira delas é a forma imediata, na captação objetiva de uma mensagem expressa na unidade de seus elementos, "todavia estas imagens aproximam os homens mais eficazmente e mais realmente do que uma linguagem analítica" (ELIADE,1979, p. 18). O símbolo possui uma densidade de sentido com significado que não se encerra nele mesmo, mas é condensação de um sentido que subjaz o complexo simbólico expresso na obra de arte, e transmite uma mensagem na expressão de beleza representada em uma forma que remete ao significante que representa na sua função de presença, assim "a experiência estética é a mais imediata de todas as experiências" (Croce apud EVDOKIMOV, 1990, p. 397).

Ao dialogar com a imagem o devoto ou observador recebe a mensagem expressa em seus símbolos e interpreta a partir de seu universo de significados, em um duplo movimento: "A devoção vai, pois, compondo a representação, alterando a imagem, aproximando-a do presente e do que faz sentido, carregando-a de símbolos fáceis de reconhecer" (LOPES, 2003, p. 13), moldando assim a mensagem recebida à sua compreensão de mundo, e isso ocorre através da experiência imediata oferecida pela função narrativa do símbolo, sendo esta relação o fundamento que conduz a devoção a uma representação mariana expressa nas imagens.

A imaginação que recebe a mensagem do símbolo e a interpreta se apresentam como uma faculdade que possibilita a ampliação dos horizontes do tempo e do espaço, propiciando o conhecimento profundo da realidade na construção de imagens e símbolos. Assim a imaginação se apresenta como a capacidade de contemplar o mundo em plenitude, pois "o poder e a missão das imagens consistem em mostrar o que permanece refratário ao conceito. Assim se explica a desgraça e a ruína do homem que não tem imaginação: ele está isolado da realidade profunda da vida e da sua própria alma" (ELIADE, 1979, p. 20-21).

Assim a experiência estética imediata das imagens marianas acontece no aspecto narrativo dos símbolos que a compõem. Na contemplação, o devoto ou observador pode captar a mensagem narrada na cena ou significado expresso na unidade simbólica de sua forma, em que entre o símbolo narrado e o imaginário simbólico do observador se constrói uma coerência que permite sua compreensão desse dado imediato.

3. A beleza das imagens na experiência estética mediata

O símbolo expresso nas imagens cristãs, em seus diferentes estilos artísticos, não se restringe a uma função pedagógica, mas comporta essa dupla função de comunicação e diálogo. Ao apresentar elementos que narram a unidade de uma cena ou figura religiosa, assim como nas obras de arte as imagens possuem perspectiva narrativa e evocativa em sua expressão simbólica, configurando-se como aquele que comunica e evoca uma Presença inexprimível.

Essa dupla função do símbolo e sua densidade, que agrega significados na unidade de seus elementos, também se encontram presentes na obra de arte e nas imagens religiosas[4], entrelaçados a uma narrativa expressa em sua cena, apresentando-se como um importante elemento de mediação da experiência religiosa, enquanto aquele que evoca sem exaurir e revela sem esgotar, tornando-se lugar de encontro com o Mistério.

O símbolo, expresso nas imagens cristãs em seus diferentes estilos artísticos, não se restringe a uma função pedagógica, mas acompanha uma porção de mistério, e é lugar de manifestação ou

---

[4] É importante destacar que nem sempre obra de arte e imagem religiosa coincidem em um mesmo objeto, podem ser criadas e existir com perspectivas distintas, mas ainda possuir a dupla função do símbolo. Ou podem coincidir quando uma imagem religiosa é uma obra de arte, e posteriormente pode gerar muitas reproduções da mesma obra, em imagens, impulsionadas por uma devida devoção, como ocorre com muitas das representações marianas.

encontro com a Beleza do Mistério. Albert Durand afirma que: "Não podemos figurar a infigurável transcendência, a imagem simbólica é transfiguração de uma representação concreta através de um sentido abstrato. O símbolo é, portanto, uma representação que faz aparecer um sentido secreto; ele é a epifania de um mistério" (1988, p. 15).

A captação das mensagens e significados expressos nos símbolos, na experiência estética mediata, ocorre tanto na experiência religiosa quanto na arte (ELIADE, 2010, p. 355). Na religião as experiências mediadas pelos símbolos ocorrem em forma de cratofanias, hierofanias, ou teofanias "obtidas por meio de uma participação ou de uma integração em um sistema mágico-religioso que é sempre um sistema simbólico, quer dizer, um simbolismo" (ELIADE, 2010, p. 355), que atribui um sentido e um valor ao objeto e se torna lugar de manifestação do sagrado, ultrapassando seu aspecto narrativo.

O símbolo na arte, assim como na religião, revela um sentido ou significado no conjunto de seus elementos, assim "é impossível 'contar' a poesia, 'decompor' uma sinfonia ou 'arrancar' uma pintura" (EVDOKIMOV, 1990, p. 403), mas apreender seu sentido no conjunto de seus elementos simbólicos pela apreciação da obra de arte. Desta forma, através da linguagem simbólica uma imagem religiosa comunica e expressa significados, pois enquanto expressão simbólica "usando os elementos deste mundo, a arte revela-nos uma profundidade que é logicamente inexprimível" (EVDOKIMOV, 1990, p. 403). Na obra de arte, ou em uma imagem religiosa, o símbolo pode sugerir, indicar, evocar um sentido, que não se encerra no objeto significante (DURAND, 1988, p. 20).

O símbolo expresso em uma imagem, ou obra de arte, possui uma importância que ultrapassa sua capacidade de prolongar a comunicação de um sentido para além dos limites do espaço e do tempo, por vezes ele próprio "revela uma realidade" (ELIADE, 2010, p. 364), um sentido, como nenhuma outra forma de linguagem revela, assim "o símbolo, o mito, a imagem, pertencem à substância da vida espiritual, se pode camuflá-los, mutilá-los, degradá-los, mas que nunca se poderá extirpá-los" (ELIADE, 1979, p. 12). Constituindo um elemento sempre presente nas mais diferentes configurações sociais e períodos históricos, o símbolo é elemento central em especial na arte e religião que expressam um imaginário artístico ou religioso, de uma comunidade, sociedade, figurado na linguagem simbólica.

O simbolismo possui uma função unificadora, apresenta-se nas imagens religiosas como um conjunto de elementos que significam e apontam uma unidade de sentido na harmonia de suas partes, compondo uma totalidade de sentido. Na religião o símbolo perdura a comunicação de uma hierofania ao transformar objetos profanos em algo diferente do que ele figura, ou ainda apontar um aspecto transcendente à imanência do fragmento e assim "ao tornarem-se símbolos, quer dizer, sinais de uma realidade transcendente, esses objetos anulam os seus limites concretos, deixam de ser fragmentos isolados para se integrar a um sistema" (ELIADE, 2010, p. 369), revelando na unidade dos fragmentos um significado mais abrangente e totalizante e se constituindo em um possível espaço de manifestação do Mistério que simboliza.

Conclusão

As imagens marianas representam um importante elemento de mediação da experiência religiosa. Em suas diferentes representações, a beleza das imagens dizem mais que o conceito e a mariologia simbólica comunica de forma profunda a densidade teológica que condensa a figura de Maria, assim Bruno Forte afirma o símbolo como: "um modo pelo qual a fadiga do conceito dá glória ao Eterno" (1991, p. 11). Dessa forma, a experiência estética da beleza simbólica expressa nas imagens se constitui em autêntica experiência religiosa, no que ela narra e evoca.

Em sua dupla função, as imagens marianas proporcionam uma experiência religiosa que possibilita ao devoto ou observador assimilar mensagens que constituem um imaginário religioso simbólico, estabelecido em torno das devoções marianas através do diálogo com a imagem, e integrar a mensagem narrada no símbolo a seu imaginário. Dessa forma, entre a beleza da imagem e o observador se estabelece "um campo de trocas de sentido entre sujeitos devotos e o campo imagético devocional" (LOPES, 2003, p. 8). E na beleza simbólica da imagem ainda se encontra um possível espaço de manifestação do Mistério, através da contemplação aberta à escuta do Outro que se revela na beleza do fragmento da imagem.

Ao propor um caminho de reflexão sobre a beleza Bruno Forte aponta a experiência estética como possível caminho de encontro com o Mistério. O autor mostra que a experiência da beleza na contemplação de uma obra de arte acontece na escuta dócil do devir do advento da Beleza. Portanto, uma obra de arte é fragmento que se torna possível espaço de manifestação e acolhida do Mistério, e a imagem se configura um espaço de encontro com a Beleza que ela evoca nos elementos simbólicos expressos em sua forma. Na contemplação do fragmento das imagens marianas, que figuram de forma simbólica a densidade teológica de Maria e sua beleza icônica, fulgura uma luz que irrompe e transcende a finitude do tempo, revelando uma Beleza que penetra as profundezas da alma humana e deixa marcas em seu fragmento, que se configuram em marcas de beleza.

Dessa maneira, a contemplação das imagens marianas pode conduzir a uma experiência estética religiosa autêntica e profunda. Pois, assim como a Beleza traspassou a finitude de Maria e habitou nas entranhas do tempo, a beleza das imagens marianas marcadas pela presença da Beleza se torna mediação de uma experiência religiosa, pois é símbolo que diz, sinal que evoca, e porta que conduz ao Mistério.

Referências bibliográficas

DURAND, Gilbert. A imaginação simbólica. São Paulo: Cultrix, 1988.
ELIADE, Mircea. Imagens e símbolos. Tradução de Maria Adozinda Oliveira Soares. Lisboa: Arcádia. 1979.
_____. Tratado de História das Religiões. Tradução de Fernando Tomaz. São Paulo: WMF, 2010.
EVDOKIMOV, Paul. The Art of the Icon: a theology of beauty. Translated Fr. Steven Bigham. Pasadena, CA: Oakwood Publications, 1990.
FORTE, Bruno. A porta da beleza: por uma estética teológica. Aparecida: Ideias&Letras, 2006.

FORTE, Bruno. Maria, a Mulher Ícone do Mistério: ensaio de mariologia simbólico-narrativa. São Paulo: Paulinas, 1991.
JOLY, Martine. Introdução à análise da imagem. Lisboa: ed. 70, 2007.
LOPES, José Rogério. Imagens e devoções no catolicismo brasileiro: fundamentos metodológicos e perspectivas de investigações. REVER, n. 3, 2003, p. 1-29.
RICOEUR, Paul. O conflito das interpretações: ensaios de hermenêutica. Rio de Janeiro: Imago, 1978.

10

AS REPRESENTAÇÕES DE MARIA, MÃE DE JESUS, ENTRE OS EVANGÉLICOS

João Marcos de Oliveira Silva[1]

Introdução

Uma mulher com nome comum, moradora de um vilarejo sem importância (Jo 1,46), na periferia de um grande império, em um contexto no qual as mulheres eram consideradas inferiores aos homens (JEREMIAS, 1983, p. 493) e as estatísticas eram feitas "sem contar mulheres e crianças" (Mt 14,31; 15,38). Maria de Nazaré poderia ter sido apenas mais uma pessoa, cuja existência passou despercebida por aqueles que não faziam parte do seu círculo de convivência. Dois milênios se passaram e Maria de Nazaré é amplamente cultuada, e uma das figuras mais importantes e influentes em todo o mundo ocidental e em parte do oriente. Contudo, Maria é, também, motivo de desentendimentos entre as diversas tradições cristãs que se desenvolveram ao longo desse tempo.

A Reforma Protestante, no século XVI, rompeu com o culto aos santos e, consecutivamente, com o culto a Maria. A despeito dessa ruptura, os primeiros reformadores, principalmente Lutero,

---

[1] João Marcos de Oliveira Silva é graduado em história pela Universidade Estadual Paulista (UNESP) e mestrando do Programa de Estudos Pós-Graduados em ciência da religião da Pontifícia Universidade Católica de São Paulo (PUC-SP).

pareciam nutrir por Maria admiração e reverência em um grau incomum às tradições protestantes mais recentes. A diferença de postura entre os reformadores e os atuais evangélicos motivaram a realização da pesquisa que será apresentada neste texto. Trata-se de uma pesquisa empírica, com observação participante em uma Assembleia de Deus, na zona sul da cidade de São Paulo, a fim de descrever a relação entre esses evangélicos e Maria. Cabe ressaltar que se trata de um trabalho em andamento, por isso as considerações feitas aqui são limitadas e refletem um estágio da pesquisa.

Bendita entre as mulheres

Segundo o Evangelho de Lucas, após ouvir do anjo Gabriel que seria mãe do Filho de Deus (Lc 1,35), Maria, uma jovem virgem de Nazaré foi visitar sua parenta Isabel, que a recebeu com muita alegria, saudando-a com uma frase que seria repetida incontáveis vezes por pessoas em todo o mundo: "Bendita és tu entre as mulheres" (Lc 1,42). Em resposta à saudação de Isabel, Maria entoou um cântico – que ficaria conhecido como *Magnificat* – no qual dizia: "desde agora, todas as gerações me considerarão bem-aventurada" (Lc 1,48). Um olhar retrospectivo pela história do cristianismo nos revela o quanto essas palavras foram acertadas.

Embora os relatos sobre a vida de Maria, datados do século I, sejam poucos e não nos permitam compreender com clareza o papel dessa mulher entre os apóstolos e demais seguidores de Jesus, é fato que, sendo mãe do deus-homem dos cristãos, muito cedo ela recebeu uma posição de destaque na piedade cristã. No século V, o nome de Maria esteve em foco durante importante debate a respeito da natureza de Jesus Cristo. Nessa época, sua popularidade já era bastante grande e a proclamação do título *Theotókos* (literalmente "aquela que deu a luz a Deus", comumente traduzido em várias línguas, inclusive o português, como "mãe de Deus") não foi apenas um decisivo passo para o desenvolvimento da cristologia, mas também a confirmação do que a devoção popular já celebrava, pelo menos, desde o século III (PEREIRA, 2011, p. 303). Por todo o mundo, são incontáveis os templos construídos em homenagem a Maria de Nazaré. O historiador Jaroslav Pelikan (2000, p. 16) afirma que "Maria" é o nome feminino mais pronunciado no ocidente – através de expressões idiomáticas e da recitação da "Ave-Maria", por exemplo –, e que a mãe de Jesus é a mulher mais representada nas artes plásticas e na música. Incerto sobre a fidelidade estatística a respeito da frequência com que meninas recebem o nome de Maria, Pelikan arrisca o palpite de que esse é o nome mais usado por mães e pais em todo o mundo.

Se não temos como comprovar essa informação mundialmente, temos a certeza de que isso é uma realidade no Brasil. Através da ferramenta "Nomes no Brasil"[2], do IBGE, podemos constatar que "Maria" é o nome mais popular do país, década após década, pelo menos desde 1930. Esse fato é bastante significativo, pois nos mostra o quanto a figura de Maria está presente na cultura brasileira. Sua presença parte do catolicismo do colonizador, é adotada por religiões de matriz africana e ultrapassa o campo da religião. Está presente até na língua que falamos. É comum que se ouça, mesmo de pessoas sem qualquer filiação ou prática religiosa, interjeições como "Ave, Maria", "Virgem Santa", "Minha Nossa Senhora", "Nossa" (abreviação de "Nossa Senhora"), "Vixe" (uma variação de "virgem"), "Vixe Maria", "Jesus, Maria, José", entre outras.

---
[2] Disponível em: <http://censo2010.ibge.gov.br/nomes/#/ranking>. Acesso em 28 jul. 2017.

Mundialmente, além das fronteiras da cultura cristã, Maria é personagem importante também para o islamismo. A surata (capítulo) 19 do Alcorão é intitulada *Maryam* (Maria), nome da virgem mãe do profeta *Isa* (Jesus). Há, ainda, a terceira surata, chamada *Ali 'Imran* (Família de *Imran*, ou Joaquim), dedicada à história da família de Maria. De acordo com o Sheikh Mohamad Al Bukai, Maria é a única mulher que tem seu nome citado no Alcorão e algumas vertentes do islamismo a consideram como profetisa (informação verbal)[3].

Desconforto e silêncio

Em um importante ramo do cristianismo, no entanto, parece não haver um lugar de destaque para Maria. Referimo-nos às várias vertentes do protestantismo ou às várias denominações religiosas cujas origens históricas e teológicas podem ser ligadas aos ideais da Reforma Protestante do século XVI. Parece haver nesse grupo "uma espécie de conspiração do silêncio com relação à Mãe do Salvador" (KLEIN, 2011, p. 109). Há algum desconforto relacionado a Maria, de tal modo que, na introdução de *Cristianismo Puro e Simples*, C. S. Lewis explica o motivo de ter omitido temas relacionados a Maria, em um livro cujo objetivo seria tratar do cristianismo da forma mais neutra possível, sem favorecer a visão de alguma denominação específica, e direcionado a pessoas que não creem. Segundo ele, "não existe, entre os cristãos, uma controvérsia maior ou que deva ser tratada com maior tato" (LEWIS,

---

[3] Palestra sobre a Virgem Maria na religião islâmica ministrada na Semana Teológica da PUC-SP, campus Ipiranga, em 24 mai. 2017.

2009, p. XIII), e não existe tema que possa tornar a leitura de um livro sobre o cristianismo mais improdutiva para aqueles que não creem, do que as doutrinas sobre a virgem Maria.

Se levássemos em conta apenas as tradições cristãs anteriores à Reforma Protestante, a preocupação ecumênica de Lewis não faria muito sentido. Embora haja algumas divergências a respeito de Maria entre católicos, ortodoxos e cristãos não calcedonianos, seria perfeitamente possível a Lewis incluir um tópico sobre Maria em seu livro, pois há mais semelhanças do que diferenças entre esses cristãos no que diz respeito à devoção mariana. Apenas quando incluímos os descendentes da Reforma Protestante (protestantes históricos, pentecostais, neopentecostais), esse cuidado se justifica.

Ao procurarmos materiais sobre Maria de Nazaré produzidos por evangélicos, notamos, primeiramente, a escassez desses materiais. Há poucos textos, poucas músicas, poucas pregações. No "meio protestante prega-se mais sobre Ester, Rute, Lídia, Tabita etc. do que sobre Maria" (MARIA EM QUESTÃO, 2006). O pastor Amaury de Souza Jardim certa vez disse: "Nunca vi uma classe da escola dominical com o nome de Maria. A gente vê Débora, Rute, Sara, Ester, mas Maria, não" (JARDIM, 1989, p. 24). Em um segundo momento, percebemos o desconforto trazido pelo tema. O teólogo protestante Scot McKnight, por exemplo, resolveu escrever um livro para protestantes buscando construir uma visão positiva e protestante de Maria, mas não o pôde fazer sem dedicar o primeiro capítulo a uma pergunta que muitos o fizeram: "Por que você – um protestante – está escrevendo um livro sobre Maria?" (McKNIGHT, 2009, p. 11).

A Reforma Protestante trouxe significativas mudanças a respeito do culto aos santos, incluindo Maria. Os reformadores denunciavam o que consideravam ser excessos devocionais e rejeitavam o culto aos santos. Na Confissão de Augsburgo, declarou-se que "não se pode provar pela Escritura que se devem invocar os santos ou procurar auxílio junto a eles" (1530, Art. 21). Calvino rejeita o culto aos santos em seu comentário a Mateus 4,10:

> Os papistas negam que somente Deus deve ser cultuado e se esquivam dessa e de outras passagens semelhantes usando sofismas. Latria (λατρεία), dizem eles, é o culto que deve ser prestado somente a Deus, mas Dulia (δουλεία), é um tipo inferior de culto que eles dedicam a homens mortos, seus ossos e estátuas. Mas Cristo rejeita essa distinção frívola e reivindica προσκύνησις, prostração, somente a Deus. (CALVIN, 1845, p. 221; tradução nossa)

A despeito dessa ruptura, a Reforma Protestante não negava a importância dos antepassados e de personagens bíblicos como exemplos de fé a se seguir. Nisso, não há significativas diferenças entre os protestantes originais e grande parte dos movimentos atuais. Há, no entanto, diferente postura com relação à mãe de Jesus. A tal "conspiração do silêncio" mencionada por Klein não é herança direta da Reforma Protestante. Evangélicos não parecem desconfortáveis com pregações, textos ou músicas a respeito de homens como Paulo, João, Zaqueu, Davi, Abraão, ou de mulheres como Ana, Sara, Rebeca, Ester, Maria de Betânia, Maria Madalena, a "mulher do fluxo de sangue" etc. Protestantes históricos fazem constantes referências a Lutero, Calvino e John Wesley. Maria de Nazaré, no entanto, gera algum desconforto entre protestantes e evangélicos, como não se via entre os reformadores.

Eles condenavam o culto aos santos, mas não deixavam de falar sobre Maria, fazendo-o com posturas diferentes da maioria dos evangélicos dos séculos XX e XXI. Lutero escreveu uma explicação ao *Magnificat* direcionada ao Príncipe João Frederico, Duque da Saxônia, na qual diz ao príncipe, através das palavras de Maria, como um governador cristão deveria agir. No decorrer do texto, Lutero não poupa elogios à mãe de Jesus. Calvino e Zwinglio "também falavam dela com fervor e dedicação" (PELIKAN, 2000, p. 214). Para os reformadores, falar de Maria era falar da encarnação e da graça de Deus nela manifestada. Na "teologia da Reforma Maria representava o modelo de fé" (PELIKAN, 2000, p. 215).

Associação entre Maria e o catolicismo romano

No tópico anterior mencionamos que alguém teria perguntado a McKnight (2009, p. 11) o porquê de um protestante escrever sobre Maria. Um dos princípios básicos do protestantismo é a autoridade da Bíblia. Maria é um personagem da Bíblia. Porque causa espanto a alguém que um protestante escreva sobre Maria? Por que, normalmente, protestantes não escrevem sobre Maria? Alguns autores protestantes que resolveram escrever sobre a mãe de Jesus nos ajudam a responder essas perguntas. McKnight diz: "uma pessoa perguntou-me o seguinte: 'Maria não era católica romana?' (Não estou brincando)" (2009, p. 11). Para esse autor, de tanto reagirem às tradições marianas do catolicismo, protestantes tiraram Maria de cena e sabem mais sobre o que não creem a seu respeito – "que ela não foi concebida imaculada, que teve outros filhos com José, portanto não permaneceu perpetuamente virgem etc." (McKNIGHT, 2009, p. 13) – do que sobre o que creem.

Em uma pesquisa feita nos Estados Unidos com ministros ordenados de diferentes denominações protestantes, Kenneth F. Dougherty (2005) fez a seguinte pergunta: "Você acredita que Maria é Mãe de Deus"? Das 100 pessoas consultadas, 63 disseram que não. A maioria dos que negaram, justificaram suas respostas dizendo que a Igreja Católica diviniza Maria com o título "mãe de Deus". Isso nos faz lembrar do Concílio de Éfeso em 431 d.C., que condenou Nestório por negar esse título e o acusou de separar as naturezas de Jesus. Nenhuma das principais denominações[4] representadas nessa pesquisa professa cristologia "nestoriana". Pelo contrário, todas professam a mesma cristologia da Igreja Católica e da Igreja Ortodoxa, na qual Jesus possui duas naturezas unidas e inseparáveis. Ainda assim, reagindo à mariologia católica, a maioria dos ministros negou que Maria seja "mãe de Deus". Lutero (1999), comentando o *Magnificat*, chama Maria de "mãe de Deus" mais de dez vezes, o que não impediu que mais da metade dos luteranos consultados negassem a expressão.

Maria tem um lugar de destaque na devoção católica. Muitos protestantes e evangélicos tendem a associar Maria ao catolicismo romano e, por isso, falam pouco a respeito dela em suas práticas religiosas. Quando o fazem, é comum que haja menções ao que Maria não é – "ela não é o que os católicos dizem" – ou ressalvas sobre práticas associadas ao catolicismo. Creem nas duas naturezas unidas de Jesus, mas muitos negam o uso da expressão "mãe de Deus", não por uma afirmação de fé, mas por negação, ou seja, por não crerem como os católicos creem.

---

[4] Dougherty classificou os ministros em: episcopais, batistas, luteranos, presbiterianos, metodistas e outros grupos.

Um relato do pastor Amaury de Souza Jardim sobre a inauguração de um abrigo para idosos, construído no mesmo terreno da igreja que pastoreava, evidencia a atitude reativa de um grupo evangélico por causa da associação de Maria com o catolicismo romano. Próximo à inauguração do abrigo, ele sugeriu homenagear uma diaconisa que morreu atingida por uma bala perdida enquanto estava a serviço da igreja. Ela se chamava Maria de Nazaré e a rejeição à proposta do pastor foi unânime, não por causa da diaconisa, que era pessoa querida pela comunidade, mas por causa do seu nome: "Maria de Nazaré, não, pastor. O senhor não compreende. Se dermos este nome, vai parecer que é um abrigo católico" (JARDIM, 1989, p. 24).

Ser evangélico é não ser católico

Nossa pesquisa procura observar empiricamente esse comportamento reativo relacionado a Maria em uma comunidade evangélica. Partimos da hipótese de que evangélicos associam Maria com o catolicismo e, por isso, tendem a não falar sobre ela ou o fazem reagindo ao catolicismo. Inicialmente, pensamos em fazer entrevistas com membros de uma Assembleia de Deus, maior denominação evangélica no Brasil, conforme dados do IBGE (2012). Logo percebemos que, por se tratar de tema pouco comum a evangélicos, seria proveitoso lançarmos mão da observação participante. Dessa forma, seria possível procurarmos elementos espontâneos que subsidiassem nossa pesquisa e nos ajudassem a entender o lugar de Maria dentro de uma comunidade evangélica. Temos participado dos cultos e escolas bíblicas dominicais de uma

Assembleia de Deus na zona sul da cidade de São Paulo e, até a data em que terminamos a redação deste artigo, entrevistamos oito pessoas.

A primeira coisa que precisamos compreender para falarmos sobre Maria entre os evangélicos pesquisados, é a formação da identidade desse grupo. Para isso, recorremos ao conceito de "identidade contrastiva", utilizado pelo antropólogo Roberto Cardoso de Oliveira. Para ele, a identidade de um grupo "supõe relações sociais tanto quanto um código de categorias destinado a orientar o desenvolvimento destas relações" (CARDOSO DE OLIVEIRA, 1976, p. 5). Tal código é manifestado em um sistema de contrastes, ou seja, a identidade de um grupo é formada em oposição a outro grupo. Por meio da comunicação com o outro, um grupo cria categorias que permitem a identificação de si em contraste com o outro. No caso específico da nossa pesquisa, temos um grupo de evangélicos cuja identidade é construída em contraste com o catolicismo. Ser evangélico é, entre outras coisas, não ser católico. Não sendo católicos, evitam elementos que possam ser associados ao catolicismo.

Algumas observações do campo são pertinentes para percebermos que há um sentimento anticatólico no grupo pesquisado que interfere diretamente na forma como símbolos, ritos e costumes são representados. Um exemplo é a ideia de que "crente não reza, crente ora". "Rezar" é coisa de católico e os evangélicos não usam esse verbo como sinônimo de "orar", como costumam fazer católicos e outras pessoas não evangélicas. Como outro exemplo, citamos a ornamentação do templo. Não há cruz do lado de fora, tampouco dentro do salão da igreja. Usam, no entanto, um menorá, símbolo judaico, usado para decorar a mesa das celebrações da Ceia do Senhor uma vez por mês.

Durante uma aula da escola bíblica dominical, um dos professores, ao falar sobre a quantidade de cristãos no Brasil com base em dados do Censo 2010, considerou apenas aqueles que se declararam como evangélicos, ou seja, 22,2% da população (IBGE, 2012). Em outro momento, também na escola dominical, o pastor falava em ecumenismo e enfatizou que não participaria de movimentos que incluíssem a Igreja católica. Em uma terceira aula, o pastor alertou que os títulos em negrito nas bíblias não faziam parte do texto original e que deveriam ser lidos com cautela, pois alguns tinham sido dados por padres católicos. Como exemplo, citou a utilização dos títulos "São" e "Santo" utilizados junto com os nomes de apóstolos e evangelistas.

Como Maria é muito importante para os católicos, e apesar de sua relação com Jesus, ela entra na categoria dos elementos católicos que são evitados por evangélicos. Se para os reformadores, pensar em Maria é pensar na encarnação e na graça, para os evangélicos, pensar em Maria é lembrar do catolicismo. Todas as pessoas entrevistadas mencionaram o catolicismo ao falarem de Maria. Todos afirmaram que os católicos adoram ou divinizam Maria. Uma pessoa chegou a sugerir que os católicos creem em uma espécie de "quaternidade" divina formada por Pai, Filho, Espírito Santo e Maria.

Os exemplos supracitados nos levam à tese de João Décio Passos sobre a dialética do pentecostalismo brasileiro com o catolicismo. Para ele, a existência de uma religião católica popular, autônoma, leiga e "institucionalmente insubordinada" (PASSOS, 2005, p. 64) favoreceu a aceitação do pentecostalismo que desembarcou em terras brasileiras a partir de 1910, bem como sua rápida expansão durante o processo de urbanização e metropolização, pela qual passou o Brasil na segunda metade do século XX. Na comunicação com a religião hegemônica, afirma Passos:

> O pentecostalismo afirma-se como um discurso e uma prática de oposição ao catolicismo, como uma oferta de vida nova que exige uma ruptura radical com as crenças anteriores, o que não poupa as críticas mais agressivas ao catolicismo, desde a negação da salvação de seus adeptos até a demonização de suas devoções. (PASSOS, 2005, p. 72)

A relação desenvolvida entre pentecostais e o catolicismo não admite mútua identificação, mas também não existe de forma totalmente separada. De acordo com Passos, pentecostalismo e catolicismo se comunicam na disputa por um bem comum, ou seja, a salvação através de Jesus Cristo. "A oferta desse bem comum aos cristãos, objeto idêntico, desejado e disputado, faz convergir as divergências e rituais na autoafirmação da legitimidade dos grupos" (PASSOS, 2005, p. 75). Constrói-se uma identidade pentecostal que se afirma como uma oferta segura de salvação e uma alternativa eficaz ao catolicismo e seus "equívocos". Como afirma Passos, "ser crente é não ser católico e anunciar seu querigma é contrapor-se ao catolicismo" (2005, p. 75).

Bendita entre as mulheres também para evangélicos

A necessidade de contrapor-se ao catolicismo interfere diretamente na relação entre evangélicos e Maria. A observação participante tem mostrado que há pouco espaço para Maria no discurso comunitário. As entrevistas, no entanto, mostram que não há rejeição a Maria. Temos optado por conversar com as pessoas de forma livre, sem questionário fechado, buscando ouvir o que evangélicos pensam a respeito de Maria. Apesar de sempre haver referências ao catolicismo ao falarem de Maria, as pessoas afirmam a importância da personagem para o cristianismo. Alguns se surpreendem quando são questionados a respeito de pregações que falem sobre Maria, pois nunca tinham percebido que se trata de personagem praticamente ausente no discurso evangélico. Com a observação participante e com entrevistas, é possível percebermos algumas características que ultrapassam as barreiras do grupo. Tão certo quanto é dizer que existe uma identidade coletiva em um grupo pesquisado, é dizer que nenhum grupo é homogêneo. Todos são compostos por sujeitos vivos e racionais, que observam o mundo a partir de sua própria perspectiva, são estimulados por elementos distintos e, cada vez mais, constroem seus próprios códigos de sentido. Não é diferente na Assembleia de Deus pesquisada. De forma comunitária, quase não há espaço para Maria. Quando indagadas individualmente, as pessoas reconhecem a postura anticatólica da comunidade e afirmam que deveriam falar mais a respeito dela, por ser mãe de Jesus e exemplo de fé.

A maioria, assim como os ministros na pesquisa de Dougherty, nega o título "mãe de Deus". Dois evangélicos "de berço", no entanto, contrariando as expectativas deste pesquisador, utilizaram a expressão, pois creem que ela enfatiza a divindade de Jesus. Há uma tendência comum aos entrevistados em não tratar Maria como "santa", pois associam o termo a poder e perfeição, atributos que só atribuem às três pessoas da Trindade. Dizem que Maria foi uma mulher "qualquer", mas não fazem isso como forma de diminuí-la e, sim, para enfatizar que ela era um ser humano normal, sem poderes, escolhida por Deus para ser mãe de Jesus, discurso que converge com a doutrina da graça defendida pelos reformadores protestantes. Uma pessoa disse, pedindo perdão a Deus por questionar suas decisões, que queria que a Bíblia falasse mais sobre Maria e sobre a infância de Jesus. Essa pessoa, embora tenha negado a expressão "mãe de Deus" logo no começo da entrevista, demonstrou ser a mais interessada pela personagem que, segundo afirma, teve uma experiência com Deus que não pode ser comparada com a de mais ninguém.

Conclusão

A identidade de um grupo se forma através do contato com outro, supondo relações sociais orientadas por um código de categorias que se manifestam em um sistema de contrastes. Ser evangélico na comunidade pesquisada não é apenas um "ser", mas é também um "não ser": não são católicos e, por isso, evitam ou negam elementos que pareçam católicos. Observações de autores evangélicos, somadas ao convívio e entrevistas com membros de uma Assembleia de Deus, nos mostram que evangélicos tendem a associar Maria com o catolicismo romano.

Isso faz com que a relação entre evangélicos e Maria seja desconfortável. Se, por um lado, a Bíblia está repleta de histórias de pessoas cujos exemplos convêm aos crentes seguir, e Maria é um desses exemplos, por outro, há a associação feita entre Maria e catolicismo. Por um lado, Maria é compreendida como a "bendita entre as mulheres", mas por outro, há a crença de que Maria é divinizada pelos católicos. Rejeitam o que parece católico, mas não têm motivos para rejeitar a mãe de Jesus. Desse conflito, desenvolvem-se posturas coletivas que variam, na maior parte do tempo, entre um inconsciente silêncio a respeito da mãe de Jesus, até a necessidade de negar aquilo que não se acredita a respeito dela.

Referências bibliográficas

BÍBLIA DE ESTUDO DE GENEBRA. 2. ed. Barueri: Sociedade Bíblica do Brasil; São Paulo: Cultura Cristã, 2009.
CALVIN, John. *Commentary on a Harmony of the Evangelists: Matthew, Mark and Luke*. Vol I. Edimburgo: Calvin Translation Society, 1845.
CARDOSO DE OLIVEIRA, Roberto. *Identidade, Etnia e Estrutura Social*. São Paulo: Pioneira, 1976.
CONFISSÃO DE AUGSBURGO. 25 de junho de 1530. Disponível em <http://www.luteranos.com.br/textos/a-confissao-de-augsburgo>. Acesso em 28 jul. 2017.
DOUGHERTY, Kenneth F. Contemporary American Protestant Attitudes Toward the Divine Maternity. In: *Marian Studies*: Vol. 6. University of Dayton: Dayton, 2005. p. 137-163.
IBGE. *Censo Demográfico 2010*: Características Gerais da População, Religião e Pessoas com Deficiência. Rio de Janeiro: IBGE, 2012. Disponível em <http://biblioteca.ibge.gov.br /visualizacao/periodicos/94/cd_2010_religiao_deficiencia.pdf>. Acesso em 28 jul. 2016.
JARDIM, Amaury de Souza. Maria de mais e Maria de menos. In: *Ultimato*. Viçosa, p. 24-25, out. 1989.

JEREMIAS, Joachim. *Jerusalém no tempo de Jesus*: pesquisa de história econômico-social no período neotestamentário. São Paulo: Paulinas, 1983.

KLEIN, Carlos Jeremias. A Bem Aventurada Virgem Maria no Protestantismo. In: PROENÇA, Eduardo (org). *Theologando - Revista Teológica*, Ano V, n. 5. São Paulo: Fonte Editorial, 2011. p. 107-114.

LEWIS, Clive Staples. *Cristianismo Puro e Simples*. São Paulo: Martins Fontes, 2009.

LUTERO, Martim. Explicação ao Magnificat. In: *O Louvor de Maria*. São Leopoldo: Sinodal; Porto Alegre: Concórdia, 1999.

MARIA EM QUESTÃO. In: *Ultimato*. Viçosa, n. 298, jan./fev. 2006. Disponível em <http://www.ultimato.com.br/revista/artigos/298/maria-em-questao>. Acesso em 28 jul. 2017.

MCKNIGHT, Scot. *A Verdadeira Maria*. Curitiba: Publicações RBC, 2009.

PASSOS, João Décio. A Matriz Católico-Popular do Pentecostalismo. *In*: PASSOS, João Décio (org.). Movimentos do Espírito. São Paulo: Paulinas, 2005. p. 47-79.

PELIKAN, Jaroslav. *Maria Através dos Séculos:* Seu Papel na História da Cultura. São Paulo: Companhia das Letras, 2000.

PEREIRA, André Phillipe. Maternidade divina de Maria. In: PERETTI, Clélia (Org.) *X Congresso de Teologia da PUCPR*. Teologia, Gênero e expressões: Para onde caminhamos? Curitiba: Champagnat, 2011. p. 296-310.

11

O PENSAMENTO MARIOLÓGICO DE LUTERO NO COMENTÁRIO AO MAGNIFICAT

Thiago Vieira Nogueira[1]

Introdução

Durante muito tempo na história da Igreja católica, a figura de Martim Lutero carregou consigo o estereótipo do monge rebelde, excomungado por suas heresias e condenado por atentar contra a unidade do Corpo de Cristo. Iniciador da Reforma e fundador do Protestantismo, a figura do "javali da floresta", cujas línguas de fogo estão cheias de veneno mortal converteu-se, recentemente, em uma autêntica "testemunha do Evangelho". A partir da redescoberta dos eixos fundamentais do processo de Reforma afirmados por Lutero, que não queria dividir a Igreja, mas reformá-la, sua pessoa e sua teologia engendraram uma nova compreensão ecumênica que permite afirmá-lo como homem de fé, sabedoria e coragem.

A necessidade de reformar a Igreja fazia-se urgente. Nota-se claramente na ordem expressa do Crucificado ao pobrezinho de Assis no século XII: "Francisco, não vês que a minha casa está em

---

[1] Thiago Vieira Nogueira é bacharel em teologia pela Pontifícia Universidade Católica do Paraná e mestrando em teologia na mesma universidade.

ruínas? Vai, pois, e restaura-a para mim". Na Idade Média, sobretudo no período tardio, os Concílios e grande parte das Dietas do Sacro Império Romano encontravam-se envolvidos com a ideia de *Reformatio*: partindo do Concílio de Constança (1414-1418), que considerou pertinente uma reforma na "cabeça e nos membros" da Igreja, disseminou-se pela Europa a ideia de *Reformation Kaiser Sigmunds*, conclamando à restauração da correta ordem os diversos setores da sociedade, atingindo os âmbitos governamentais e universitários (PONTIFÍCIO, 2015, n. 9).

Lutero, por sua vez, fez uso do conceito na explanação de suas 95 teses, afirmando que a Igreja necessita de uma reforma não humana, isto é, do papa e dos cardeais, mas uma reforma que é, em última instância, obra somente de Deus. O termo usado pelo reformador, no entanto, acabou por designar o conjunto dos eventos históricos que se sucederam neste contexto, entre os anos de 1517 e 1555, que marcam a publicação de suas teses e a Paz de Augsburgo. Para além, a nomenclatura qualifica determinada concepção que ultrapassa aquilo que Lutero pretendia: o conceito como qualificação de uma época afirma-se em Leopoldo Von Ranke, que popularizou o paradigma "idade da Reforma" (PONTIFÍCIO, 2015, n. 39).

Entretanto, parece soar estranho aos ouvidos costumeiramente católicos afirmar que o precursor das "igrejas de crente" forjou uma autêntica teologia mariana, centrada na redescoberta da figura evangélica da mãe de Jesus, a partir de seu comentário ao Magnificat. A *priori*, a obra endereçada ao "tranquilíssimo e ilustríssimo Príncipe e Senhor João Frederico, Duque da Saxônia, Landgrave da Turíngia e Margrave de Meissen" (LUTERO, 2015, p. 9), trata-se de um escrito de ética luterana, fornecendo ao remetente orientações de como governar cristãmente. Para tanto, Lutero lhe oferece como exemplo Maria de Nazaré, "modelo de desprendimento e de amor cristão, que não busca seu próprio benefício" (REIMER, 2016, p. 43).

Insistindo essencialmente no agir divino em Maria, o reformador evidencia em seu escrito características que corroboram o perfil da Virgem como modelo de vida cristã, que experimentou a justificação por graça e fé; expressão de vida a partir do Espírito Santo, seu mestre; exemplo da gratuidade de Deus, que nela age, beneficiando todos aqueles que Nele esperam (DREHER, 2014, p. 174s). Ao entrever o perfil da mãe de Jesus, Lutero apresenta-a como paradigma de resposta ativa e transformadora à ação de Deus, mulher que mesmo agraciada "continua tão simples e serena, que não teria considerado nenhuma emprega inferior a si" (LUTERO, 2015, p. 23), permitindo "que Deus atue nele [seu coração] de acordo com sua vontade" (LUTERO, 2015, p. 23).

1. Lutero: homem de fé, sabedoria e coragem

Martim Lutero[2] nasceu em Eisleben, no Condado de Mansfeld, na Alemanha, em 10 de novembro de 1483. Filho de camponeses católicos, aprendeu no seio familiar os princípios religiosos que orientavam a vida cristã, como o culto e a veneração aos santos, a prática das boas obras e o respeito e reverência à figura do

---

[2] De acordo com Dreher, "o sobrenome deriva do nome 'Lothar'/'Lotário', um dos imperadores alemães do medievo, e podia ser grafado nas variantes 'Luder' ou 'Luder'. Somente a partir de 1518, o reformador vai passar a assinar 'Martinus Eleutherius', donde deriva a grafia 'Luther'/ 'Luthero'/ 'Lutero'. Ele havia descoberto a liberdade cristã, a *eleutheria*. [...] No alemão moderno, 'Luder' é traduzido por 'vagabundo', o que nos oferece uma hermenêutica interessante. Em Lutero temos o 'vagabundo' liberto por graça e fé, por causa de Cristo" (DREHER, 2014, p. 23).

papa. Objeto de uma rígida educação doméstica, Lutero cresceu sob o comportamento severo do pai, cujos traços influenciaram profundamente na sua concepção paterna de Deus, e sob os cuidados de sua mãe que, quando necessário, não lhe negou umas boas palmadas. Como típicos alemães, o trato para com Martim e seus irmãos, por parte de Hans e Margarida Luder, correspondia àquilo que a sociedade medieval exigia:

> Em casa, a vida não deve ter sido apenas patriarcal. Meninos e meninas foram criados brincando com filhos dos vizinhos, enquanto o pai se arrebentava na mina e a mãe, além das tarefas caseiras, carregava gravetos nas costas para cozinhar e aquecer a casa. Martin diz-nos que ela gostava de cantarolar canções nem sempre alegres. As refeições eram preparadas num caldeirão que pendia do teto da casa, e fogo de chão o aquecia. Onde há brasas e fogo habitam duendes e outros demônios. Para evitar que em seus folguedos acabassem pondo fogo na casa, Margarida circundava seu fogão com ervas apropriadas. Aliás, ela cria na existência de bruxas e afirmava que uma vizinha bruxa provocara a morte de um de seus filhos.
> [...] Duendes, demônios e bruxas faziam parte do cotidiano, e a crença em suas atividades era difundida a partir do púlpito, especialmente em épocas de tempestades e doenças. Em dias de tempestade, aliás, queimavam-se pedaços dos ramos bentos no Domingo de Ramos. Águas bentas e benzeduras não podiam faltar. (DREHER, 2014, p. 24)

Planejando o futuro de Lutero, Hans matriculou o filho na escola de Mansfeld, onde, por meio da "pedagogia da vara", obteve, com sucesso, o conhecimento da língua latina. Após realizar os estudos também em Magdeburgo e Eisenach, Lutero frequentou a Universidade de Erfurt, na qual se apropriou das artes liberais e, posteriormente, iniciou os estudos de direito. Anos mais tarde, em 1505, Martim, para cumprir uma promessa a Santa Ana, procurou o Convento dos Eremitas de Erfurt para ingressar na vida monástica. Ordenado sacerdote em 1507, Lutero realizou os estudos de teologia, recebendo o título de doutor e sendo designado professor de sagradas escrituras na Universidade de Wittemberg.

Como catedrático em Bíblia, Lutero encontrou, sobretudo nas cartas de Paulo, a certeza de que "o justo viverá pela fé" (cf. Rm 1,17), lançando os fundamentos da doutrina da Justificação que, ulteriormente, tornou-se um dos pilares da teologia luterana. Em 31 de outubro de 1517, Martim enviou suas "95 teses", intituladas "Disputa sobre a Eficácia e o Poder das Indulgências", ao arcebispo de Mainz, expressando suas preocupações acerca da pregação e do uso das indulgências. Para Lutero, as indulgências prejudicavam a espiritualidade cristã, uma vez que, discursivamente, poderiam livrar os penitentes das penas impostas por Deus, transferindo-as ao purgatório, entre outros (PONTIFÍCIO, 2015, n. 40-42).

As teses de Lutero rapidamente se espalharam pela Europa, chegando a Roma, que nesse momento encontrava-se preocupada com os ensinamentos do Reformador. No ano seguinte, em 13 de outubro de 1518, em uma solene *protestatio*, Martim afirmou estar consoante com a doutrina da Igreja, hesitando retratar-se antes de ser convencido de seus erros. Cumprindo seu "ofício pastoral", protegendo a "fé ortodoxa" daqueles que "distorcem e adulteram as Escrituras", a ponto dessas "não serem mais o Evangelho de Cristo", Leão X, em 15 de junho de 1520, expediu a bula *Exsurge Domine*, condenando 41 proposições de Lutero como "heréticas, ou escandalosas, ou falsas, ou ofensivas aos ouvidos piedosos, ou perigosas para as mentes simples, ou subversivas para a verdade católica" (DENZIGER; HUNERMANN, 2007, n. 1492).

Erguei-vos, Senhor, e julgai vossa própria causa. Lembrai-vos de vossas censuras àqueles que estão o dia todo cheios de insensatez. Ouvi nossas preces, pois raposas avançam procurando destruir a vinha em cujo lagar só Vós tendes pisado. Quando estáveis perto de subir a vosso Pai, entregastes o cuidado, norma e administração da vinha, uma imagem da igreja triunfante, a Pedro, como cabeça e vosso vigário e a seus sucessores. O javali da floresta procura destrui-la e toda fera selvagem vem devastá-la.

Erguei-vos, Pedro, e realizai o serviço pastoral divinamente confiado a Vós, como já dito. Prestai atenção à causa da santa Igreja Romana, mãe de todas as igrejas e mestra da fé, que Vós por ordem de Deus santificastes com vosso sangue. Bem que avisastes que viriam falsos mestres contra a Igreja Romana, para introduzir seitas ruinosas, atraindo sobre eles rápidas condenações. Suas línguas são de fogo, mal incansável, cheias de mortal veneno. Eles possuem zelo amargo, discórdia em seus corações, vangloriam-se e mentem contra a verdade.

Suplicamos a vós também, Paulo, para erguer-vos. Fostes vós que esclarecestes e iluminastes a Igreja com vossa doutrina e com vosso martírio, como o de Pedro. Agora, um novo Porfírio se levanta que, como o outro do passado, cheio de erros assediou os santos apóstolos, e agora ataca os santos pontífices, nossos predecessores. Ele os reprova por violação a vosso ensinamento, em vez de implorá-los, e não tem pudor de atacá-los, de lamentá-los, e quando se desespera de sua causa, de rebaixar-se aos insultos. Ele é como os hereges" cuja última defesa", como disse Jerônimo, "é pôr-se a vomitar veneno de serpente com sua língua, quando veem que suas causas estão para ser condenadas, e explodem em insultos quando se veem vencidos". Embora tenhais dito que deveria haver heresias para testar a fé, ainda assim eles devem ser destruídos no próprio berço por vossa intercessão e ajuda, e, assim, não crescerão nem se tornarão fortes como vossos lobos. (LEÃO X, 1520)

Lutero foi excomungado em 3 de janeiro de 1521, por meio da bula *Decet Romanum Pontificem*. No mesmo ano, Carlos V convocou a Dieta de Worms, considerado o fato de que, pelas leis do Sagrado Império Romano da Nação Germânica, uma pessoa excomungada pela Igreja de Roma deveria ser submetida à condenação imperial. Como resultado, o Edito proibiu a divulgação e o ensino da doutrina do Reformador, condenando-o e proscrevendo-o em Wartburg, onde traduziu o Novo Testamento para a língua alemã. Anos mais tarde, Lutero conheceu Catarina Von Bora, ex-cisterciense alemã, com quem casou-se e teve seis filhos. Em 18 de fevereiro de 1546, Lutero faleceu em Eislebem, sendo sepultado na Igreja do Castelo de Wittemberg.

2. O louvor de Maria na obra de Lutero

Condenado e proscrito em Wartburgo, Lutero concluiu seu comentário ao *Magnificat* de Maria (Lc 1,46-56), em meio às reações e apoios teológicos desencadeados a partir da publicação das "95 teses", em 1517. Os tempos eram conturbados: adesões e represálias, ameaças e processos disciplinares faziam parte do contexto do Reformador, comumente acusado de herege. Excomungado e destituído de seus direitos políticos, sob risco de prisão, juntamente com seus seguidores e, vendo a divulgação de suas obras proibidas, Lutero encontrou, nas palavras da "doce mãe de Deus" acalento e esperança para os conflitos e as perseguições que sofrera. Em tais condições, Martim traduziu o Novo Testamento e escreveu, dentre outras obras, seu Magnificat. Era o ano de 1521 (REIMER, 2016, p. 46).

> Antes de se dirigir a Worms, Lutero dera início à interpretação do cântico de Maria, o *Magnificat*. Durante o exílio no Wartburgo, dedicou-se à conclusão da interpretação desse cântico, que lhe serviu de consolo nos dias que precederam a Dieta e lhe foi um conforto no deserto em que se encontrava. [...] Maria é um modelo de existência cristã, de vida justificada somente pela fé, independente das obras da lei (Rm 3,24). Por isso o escrito reflete aspectos centrais da teologia e da ética do reformador; entre os quais devem ser mencionados os conceitos do sacerdócio de todos os crentes, seu conceito de vocação/profissão e seu protesto contra o uso dos cantos e das relíquias na exploração do povo, o que para ele é um abuso. Por outro lado, o escrito redescobre uma imagem profundamente evangélica de Maria. (DREHER, 2014, p. 174)

Após analisar a perícope de Lc 1,46-56, o Reformador redigiu sua obra com demasiadas interrupções, devido às crescentes e aceleradas manifestações político-eclesiásticas que despontaram no cenário global, como fruto de seu trabalho bíblico--teológico, cuja ênfase centrava-se na afirmação da salvação por meio da graça e da fé (REIMER, 2016, p. 45). Na apresentação da obra, Lutero afirma ter recebido recentemente a carta de João Frederico. Por ocasião da excomunhão de Lutero, o duque da Saxônia, sobrinho do príncipe-eleitor, tomando conhecimento das perseguições contra Martim, colocou-se a sua inteira disposição, apelando por ele junto a seu tio. O agradecimento, por parte do Reformador, foi a interpretação ao cântico de Maria, onde, além de orientar, admoestar e alertar o duque e os demais governantes, Lutero intenta incutir nas autoridades que o poder só existe em favor das pessoas confiadas àqueles que o exercem (DREHER, 2014, p. 176).

Resvalado por uma avaliação pessoal, política, social e eclesiástica, o comentário ao *Magnificat* de Lutero trata-se de um escrito de ética luterana, "exercício de piedade, de mariologia evangélica, de orientação sobre a interpretação da História, e convite para o exercício político responsável" (LUTERO, 2015, p. 7). À luz do cântico de Maria, o Reformador propõe a mãe de Jesus como modelo aos governantes de uma atitude ética cristã, indicando, a partir das características pessoais da Virgem, o modo correto de se governar. De acordo com Lutero, "o bem-estar de muita gente depende de um príncipe tão importante, quando ele é governado pela graça de Deus. Por outro lado, dele depende a desgraça de muitos, quando ele se volta para si próprio e não é governado pela graça" (LUTERO, 2015, p. 9).

Em sua obra, Martim tece duras críticas às "estruturas" de seu contexto, apontando-as como "espíritos falsos", incapazes de cantar o *Magnificat* devidamente. Dentre tais, Lutero repreende "toda classe de seitas e ordens", afirmando que, por meio delas, as pessoas aprendem a confiar sempre mais nas obras, não dando a devida atenção à fé. Ambiciosamente, tendem a ser melhores, desprezando as demais (LUTERO, 2015, p. 19). O Reformador censura, ainda, os ricos e poderosos, admitindo que esses são orgulhosos e complacentes, a ponto de atribuírem os benefícios divinos exclusivamente a si próprios e julgarem-se superiores frente aos que nada tem (LUTERO, 2015, p. 22). Contra estes, Lutero afirma: "É perigoso ter que se controlar na posse de riquezas, grandes honras ou poder do que na pobreza, desonra e fraqueza. Riqueza, honra e poder são um convite e uma razão para o mal" (LUTERO, 2015, p. 27).

Hoje, todo o mundo está cheio desse tipo de servir e louvar Deus com canto, pregação, música de órgão, flautins. O *Magnificat* é cantado maravilhosamente. Ao mesmo tempo, é lamentável que usemos esse precioso cântico de modo completamente destituído de força e graça. Cantamos apenas quando estamos bem; mas quando as coisas vão mal, termina o canto. Nada mais se quer saber de Deus (LUTERO, 2015, p. 22).

Por fim, Lutero profere um juízo negativo acerca das práticas medievais que apresentavam Maria como mãe de Misericórdia, advogada, Rainha do céu, entre outras. Segundo o Reformador, tais práticas minimizavam a ação divina e frente a estas, "é preferível anular méritos de Maria a diminuir a graça de Deus" (LUTERO, 2015, p. 44). Para Lutero, bem-aventurar a mãe de Jesus não deve se limitar a práticas externas como palavras, reverências, inclinações, fazer imagens e construir igrejas. Do contrário, honrá-la de modo certo significa não somente vir até Maria, mas encontrar Deus através dela (LUTERO, 2015, p. 39), consciente de que "nem por isso ela é um ídolo que possa conceder algo ou ajudar alguém, como acreditam alguns que clamam mais a ela do que a Deus e nela buscam refúgio. Maria nada dá, mas somente Deus" (LUTERO, 2015, p. 44).

3. O pensamento mariológico de Lutero no comentário ao *Magnificat*

Em seus escritos, o Reformador referencia diversas vezes a figura de Maria. Sua piedade é marcada fortemente pela teologia mariana, a ponto de, ao ingressar no Convento dos Eremitas de Erfurt, fazer sua profissão de viver sua fé para o louvor da mãe de Jesus. Todavia, Lutero reconsidera sua piedade à luz dos temas contestados pela Reforma, como a compreensão da fé, da salvação e da redenção, entre outros. Ainda que guarde por toda a vida uma grande veneração à Virgem e aos santos, remete-os para o lugar que a Sagrada Escritura permite atribuir-lhes. Assim, Martim repensou o papel de Maria em função da cristologia, afirmando que a Virgem não tem função soteriológica, mas é um elo da história da salvação e uma figura da condição do crente; da eclesiologia, estabelecendo uma analogia entre o destino de Maria e o da Igreja; e por fim, da devoção mariana (DOMBES, 2005, n. 54-60).

> Minha alma enaltece a Deus, o Senhor, e meu espírito se alegra em Deus, meu Salvador. Pois contemplou a mim, sua humilde serva, razão por que me dirão bem-aventurada filhos e filhos dos filhos para sempre. Pois aquele que faz todas as coisas, fez grandes coisas em mim, e santo é seu nome. E sua misericórdia vai de geração em geração em todos que o temem. Age poderosamente com seu braço e destrói a todos que são orgulhos nas intenções de seus corações. Destitui os grandes senhores de seu governo, e exalta os que são nulos e nada. Sacio os famintos com toda sorte de bens, e deixa vazio os ricos. Acolhe seu povo Israel, que lhe serve, depois de se haver lembrado de sua misericórdia, como prometeu a nossos pais, Abraão e seus descendentes em eternidade (Lc 1,46-56) (LUTERO, 2015, p. 11).

O *Magnificat* de Maria é apresentado somente no Evangelho de Lucas, no livro da infância de Jesus. Escrito em linguagem semítica, provavelmente em hebraico, o cântico da Virgem foi composto por volta do ano 70 d.C. De modo semelhante aos demais cânticos apresentados pelo evangelista, o *Magnificat* situa-se no âmbito dos textos de caráter celebrativo-litúrgico. Em sua estrutura, o cântico segue o esquema característico dos hinos de louvor e ação de graças da Sagrada Escritura: uma introdução, que manifesta o desejo de louvar e agradecer a Deus e o desenvolvimento do texto, construído a partir da figura do fiel necessitado que clama a Deus e é por Ele atendido. No Magnificat, Maria engrandece ao Senhor porque olhou a nulidade de sua serva; canta, em seguida, sua ação na história salvífica, que culmina na Encarnação do Verbo (FIORES; MEO, 1995, p. 813).

O cântico da Virgem inicia-se com um brado de júbilo: "Minha alma enaltece a Deus, o Senhor, e meu espírito se alegra em Deus, meu Salvador" (Lc 1,46-47). Segundo o Reformador, o louvor de Maria nasce de um amor intenso e de uma alegria em excesso, que levam a mãe de Jesus a exultar dentro de si. Maria não diz que enaltece a Deus, mas sua alma, ou seja, sua vida e seus dons glorificam o Senhor. Maria é envolvida pela doçura de Deus e pelo Espírito Santo (LUTERO, 2015, p. 17); ela não diz que sua alma engrandece a si mesma – a Virgem não queria que se fizesse muito caso dela. "Muito antes, ela engrandece exclusivamente a Deus, atribui tudo somente a ele. Ela se desfaz de tudo e devolve tudo a Deus, do qual o havia recebido. Maria notou a grande obra de Deus nela, mas ela não se considerou maior do que a pessoa mais humilde da terra" (LUTERO, 2015, p. 23).

Maria canta em seu *Magnificat* que Deus "contemplou a humildade de sua serva. Por isso me considerarão bem-aventurada todas as gerações" (Lc 1,48). De início, a Virgem começa cantando as realizações de Deus para com ela. É próprio de Deus ocupar-se com coisas insignificantes, assevera Lutero. Por tal motivo, o Reformador aponta em seu comentário, a tradução da palavra humildade por nulidade, insignificante. Com isso, a Virgem expressa que Deus olhou para ela, uma moça pobre, desprezada e sem valor. Poderia ter escolhido alguma outra jovem rica, importante e nobre, filha de reis, príncipes e autoridades; contudo, olhou para Maria por pura bondade e graça, usando de misericórdia para com essa moça desprezada (LUTERO, 2015, p. 30). Com isso, a mãe de Jesus nos ensina duas lições: a preocupar-se com as coisas que Deus faz na individualidade do ser humano e que cada um deve ser o primeiro no louvor de Deus, divulgando suas obras (LUTERO, 2015, p. 34).

A Virgem proclama que "me fez grandes coisas aquele que é poderoso, e santo é seu nome" (Lc 1,49). Maria canta todas as obras que Deus fez nela: ela fala dos feitos de Deus e de seus dons. Não cita bens específicos. Apenas afirma que Ele realizou grandes coisas em seu favor (LUTERO, 2015, p. 41). Para Lutero, essas coisas grandes nada são senão o fato dela ter sido tornada mãe de Deus. "Nisso estão toda a sua honra e bem-aventurança. Por essa razão ela é uma pessoa especial dentre todo o gênero humano. Ninguém se iguala a ela, porque ela tem um filho com o Pai celeste. E que filho! Ela própria é incapaz de descrever esse acontecimento por ser muito grande" (LUTERO, 2015, p. 43). Maria não teve outra dignidade para a maternidade senão o fato de ser destinada para isso, de modo que nela atuasse somente a graça divina, sem a participação de qualquer mérito de sua parte (LUTERO, 2015, p. 44).

Enfatizando a centralidade do agir de Deus em Maria e por Maria, Lutero redescobre, fundamentado pela Sagrada Escritura, o perfil evangélico da mãe de Jesus. Segundo o Reformador, "Maria não era filha de gente importante em Nazaré, sua cidade natal, mas de um cidadão simples e pobre. Não tinha nenhuma importância nem estima especial. Foi uma moça comum no meio dos vizinhos e suas filhas, que cuidava dos animais e dos trabalhos domésticos" (LUTERO, 2015, p. 15). A partir da experiência de nulidade e humilhação que Maria faz de si mesmo, dispondo-se a participar inteiramente do projeto divino, Martim a apresenta como expressão de vida que tem como mestre o Espírito Santo. Por meio Dele, a Virgem aprende e canta que Deus destitui os grandes senhores de seu governo e exalta os que são nulos, valorizando os que são nada e abaixando seus olhos ao invés de dirigi-los às alturas (DREHER, 2014, p. 174).

> Maria, muito louvada, fala de experiência própria. Ela foi iluminada e instruída pelo Espírito Santo. Ninguém é capaz de entender Deus ou a Palavra de Deus se não for com a ajuda do Espírito Santo. Mas de nada adianta essa ajuda se a pessoa não experimenta, sente ou percebe o Espírito Santo. Nessa experiência, o Espírito ensina como em sua própria escola. Fora dela nada se ensina além de palavras soberbas e de conversa fiada. Este é o caso da virgem Maria. Ela própria experimentou que Deus fez coisas grandes nela, mesmo ela tendo sido uma pessoa sem importância, pobre e desprezada. O Espírito Santo ensina à virgem esta rica sabedoria: Deus é um Senhor que não faz outra coisa do que engrandecer o que é humilde, de rebaixar o que é grande, enfim, de quebrar o que está feito e de refazer o que está quebrado. (LUTERO, 2015, p. 13)

Na teologia de Lutero, Maria é um exemplo da graça de Deus, motivo pelo qual o Reformador apresenta a mãe de Jesus como simples "doméstica", para cuja insignificância e nulidade o Criador fitou os olhos. Para Martim, Maria não é o que é por mérito próprio, mas em virtude da benevolência divina, uma vez que tudo nela remete para o mistério de Deus. Neste sentido, afirma: "Todos aqueles que insistentemente atribuem a Maria tanto louvor e honra e lhe impõem tudo isso não estão longe de transformá-la em ídolo [...]. Maria rejeita isso e quer que Deus seja honrado nela e que, por intermédio dela todos sejam levados a confiar plenamente na graça de Deus" (LUTERO, 2015, p. 39). Deste modo, ela permanece humilde, "não se gaba de que se tornou mãe de Deus, não exige honra. Mas vai e trabalha na casa como antes" (LUTERO, 2015, p. 46).

Através de seu cântico, Maria transparece a atuação divina na humanidade, constituindo-se modelo do agir de Deus na história dos homens. Fundamentado pelo *Magnificat*, Lutero afirma que Deus age na história através de dois modos: por meio das criaturas, de modo que, nitidamente, se possa ver a atuação divina na esfera criada e por meio de "seu braço", ocultando os feitos aos olhos humanos. Através das palavras proféticas da Virgem, o Reformador evidencia o "quanto Deus prefere fazer misericórdia, sua obra mais nobre, do que recorrer à força, quando [a Virgem] diz que aquela obra de Deus (a de fazer misericórdia) não terá fim de filho para filho, enquanto esta dura somente até a terceira ou quarta geração" (LUTERO, 2015, p. 57). Como exemplo desta atuação, Maria "admite que a obra realizada nela não beneficia somente a ela, mas a todo o povo de Israel" (LUTERO, 2015, p. 73).

Assim como a palavra *Magnificat* pode lembrar o título de um livro que trata desse assunto, também Maria revela nessa palavra o assunto do qual falará em seu cântico de louvor: dos grandes feitos e das obras de Deus para fortalecer nossa fé, consolar todos os humildes e incutir medo em todos os maiorais da terra. Devemos permitir e reconhecer que esse cântico de louvor serve para esse tríplice uso e proveito. Maria não o cantou apenas para si, mas para todos nós, para que o repetíssemos. Mas não é possível alguém assustar-se ou consolar-se por causa dessas grandes obras de Deus quando não crê que Deus é capaz de fazer grandes obras (LUTERO, 2015, p. 20).

As afirmações do Reformador acerca de Maria surpreendem por seu número e riqueza, bem como por seu conteúdo e profundidade. A partir de seu comentário ao *Magnificat* e da redescoberta do perfil evangélico da mãe de Jesus, respaldado pela Sagrada Escritura, Lutero "ajuda-nos a ver Maria no papel que lhe foi assinalado por Deus e mostra-nos como a sua posição na fé, na vida e na oração do cristão só pode ser compreendida à luz da graça que lhe foi concedida por Deus" (VON BALTHASAR, 1979, p. 79). Tudo em Maria é graça e tudo nela remete para Deus! Por tal motivo, "Maria é para Lutero modelo de vida cristã, que experimentou a justificação por graça e fé" (LUTERO, 2015, p. 7). Frente a isso, Martim recomenda que "devemos suplicar-lhe para que Deus realize o que pedimos, o que precisamos 'por amor a ela', Maria" (REIMER, 2016, p. 67). Nas palavras do Reformador: "Que Cristo nos permita isso por intercessão e por causa de sua amada mãe Maria. Amém" (LUTERO, 2015, p. 78)[3].

---

[3] Acerca da intermediação de Maria, note-se bem: o Reformador afirma que "devemos suplicar a ela", para que, por amor a ela, Deus realize o que pedimos. Com isso, Lutero reafirma aquilo que desenvolveu em chave hermenêutica na interpretação do *Magnificat*: a realização cabe exclusivamente a Deus; no entanto, Maria assume uma interação (REIMER, 2016, p. 67).

Considerações finais

No contexto da comemoração conjunta católico-luterana dos 500 anos da Reforma e da celebração do Ano Mariano, proclamado pela Igreja católica por ocasião dos 300 anos do encontro da imagem de Aparecida, repensar a figura de Maria, sob a perspectiva do Reformador, permite centrarmo-nos na figura bíblica da mãe de Jesus, ponto de partida para o diálogo ecumênico acerca da Virgem. De fato, "o diálogo ecumênico sobre Maria não tem um compromisso primeiro com os dogmas católicos, mas parte antes da figura bíblica de [...] Maria, filha de Davi, de Nazaré" (MAÇANEIRO, 2011, p. 145). Concentrando-se em tal perspectiva, católicos e luteranos assumem um rico testemunho a respeito da Virgem, fundamentado pela Sagrada Escritura, cuja centralidade as Igrejas da Reforma sempre insistiram. A partir disso, reafirmam juntos que Maria não é somente católica, mas também evangélica (SCHIMIDT, 1996, p. 77).

À luz dos conceitos contestados pela Reforma, embasado pela Sagrada Escritura, Lutero redescobre em Maria o perfil evangélico da mãe de Jesus, propondo-a não somente como modelo para aqueles que governam, mas também para os cristãos. Partindo de uma análise bíblica do *Magnificat*, o Reformador evidencia a Virgem como modelo de vida cristã, expressão de vida a partir do Espírito Santo e exemplo do agir de Deus na história dos homens, insistindo na centralidade da ação divina frente à humildade e nulidade da "doméstica" de Nazaré. Convicto de sua função na economia da salvação e apoiado pelos princípios da Escritura, Graça e Fé, Martim declara que a Virgem é exemplo de quem experimentou a justificação por graça e fé da parte de Deus.

Respondendo à renovação bíblica, litúrgica, e patrística, o Concílio Vaticano II, orientado pelo eixo ecumênico, redescobriu a figura de Maria no mistério de Cristo e da Igreja. Embasados na Sagrada Escritura, os padres conciliares apresentaram no capítulo VIII da *Lumen Gentium* uma exposição bíblica que aponta o lugar da mãe de Jesus na economia da salvação, redescobrindo também seu papel de mulher evangélica, em quem tudo é graça de Deus e, em última instância, remete a Ele, como afirmara Lutero. Em perspectiva bíblico-dogmática, o tratado acerca da Virgem apresenta pontos comuns na compreensão teológica entre ambas denominações como a maternidade de Maria, seu modelo de serva, seu discipulado e missionariedade, sua justificação por graça e fé, temas tão caros a católicos e luteranos.

Dentro da dimensão ecumênica, católicos e luteranos professam um único Credo: a confissão de fé em Jesus Cristo, único Senhor, nascido da Virgem Maria. "Cremos em um só Senhor, Jesus Cristo, Filho unigênito de Deus, [...] o qual, por nós, os homens, e pela nossa salvação, desceu dos céus e *se encarnou do Espírito Santo e da Virgem Maria e se fez homem,*" A partir de tal afirmação, cujas fontes se encontram enraizadas na Sagrada Escritura, é possível avançar na solidificação de uma compreensão conjunta acerca da mãe de Jesus, de modo a evidenciá-la como fator de unidade entre os cristãos e não de divisão como se firmou nos séculos precedentes na história da Igreja. Por meio de uma conversão de atitudes e uma sólida compreensão de sua figura no projeto salvífico, embasados pelas palavras da "doce mãe de Cristo", em espírito de unidade, finalmente poderemos cantar juntos o mesmo louvor de Maria.

Referências bibliográficas

DOMBES, Grupo de. *Maria no plano de Deus e a comunhão dos santos*: na história e na escritura; controvérsia e conversão. Aparecida: Santuário, 2005.

DREHER, Martin Norberto. *De Luder a Lutero*: uma biografia. São Leopoldo: Sinodal, 2014.

FIORES, Stefano de. MEO, Salvatore (dir.). *Dicionário de Mariologia*. São Paulo: Paulus, 1995. (Série Dicionários).

LEÃO X. *Bula Exsurge Domine sobre os erros de Martim Lutero* (1520). Disponível em: http://www.veritatis.com.br/exsurge-domine-leao-x-15-06-1520/ Acesso em: 20 de jul. de 2017.

LUTERO, Martim. *Magnificat:* o louvor de Maria. Aparecida: Santuário; São Leopoldo: Sinodal, 2015.

MAÇANEIRO, Marcial. Maria no diálogo ecumênico. In: UNIÃO MARISTA DO BRASIL. *Maria no coração da Igreja*. Múltiplos olhares sobre a Mariologia. São Paulo: Paulinas: União Marista do Brasil – UMBRASIL, 2011. (Coleção Maria em nossa vida).

PONTIFÍCIO Conselho para a promoção da Unidade dos Cristãos e Federação Luterana Mundial. *Do Conflito à Comunhão*. Comemoração conjunta católico-luterana da Reforma em 2017. Relatório da Comissão Luterana – Católico-Romana para a Unidade. Brasília: Edição conjunta Edições CNBB e Editora Sinodal, 2015.

REIMER, Maria Ivoni. *O magnificat de Maria no magnificat de Lutero*. In: Estudos da Religião, v. 30, n. 2. maio-agosto, 2016 (p. 41-69).

SCHIMIDT, Ervino. *A Bem-aventurada Virgem Maria e a busca da unidade*. Disponível em: <http://revistas.pucsp.br/index.php/culturateo/article/viewFile/14352/11959> Acesso em: 22 de out. de 2015.

VON BALTHASAR, Hans Urs *et alii*. *O culto a Maria hoje*: subsídio teológico-pastoral elaborado sob a direção de Wolfgang Beinert. Luiz João Gaio (trad.). São Paulo: Paulinas, 1979.

12

A MATERNIDADE VIRGINAL DE MARIA NA REDENÇÃO DE JESUS CRISTO EM IRINEU DE LIÃO E NA *LUMEN GENTIUM*

Leonardo Henrique Piacente[1]

Irineu nasceu na Ásia Menor, no século II d.c.; sem uma origem conhecida atualmente, sabe-se que foi discípulo de Policarpo, bispo de Esmirna, como atestado por ele mesmo (*Adversus haereses*, III, 3,4) e também no relato de Eusébio de Cesareia (História Eclesiástica, V, 20,3-5). Possivelmente, esteve em Roma, no pontificado de Aniceto (155-166 d.c.), para estudar, antes de ir para Lião e Viena (MORESCHINI e NORELLI, 2014, p. 309). Provavelmente chegou à Gália pelas vias comerciais romanas como era comum na sua época, e estabeleceu-se na comunidade de Lugdunum (Lião atualmente) (DROBNER, 2001, p. 147). Em 177 d.C. os cristãos de Lião enviam uma carta ao bispo de Roma, Eleutério (174-189 d.C.), recomendando a manutenção da comunhão com os montanistas e nesse texto havia um importante testemunho da comunidade a respeito de Irineu:

> Suplicamos a Deus que agora e sempre nele te regozijes, pai Eleutério. Encarregamos de entregar-te essas cartas nosso ir-

---

[1] Leonardo Henrique Piacente, doutorando em teologia sistemático-pastoral pela PUC – Rio de Janeiro, mestre em ciências da religião pela PUC – Campinas, presbítero da Arquidiocese de Campinas.

mão e companheiro, Irineu pedindo que o estimes enquanto zelador do testamento de Cristo. Se soubéssemos que a posição social traz justiça para alguém, nós o apresentaríamos primeiro enquanto sacerdote da Igreja, o que de fato ele é. (História Eclesiástica, V,4,2)

Retornando dessa missão em Roma, Irineu foi eleito bispo de Lião, sucedendo o epíscopo Fontino (Pontino) que padecera junto com muitos cristãos de Lião e Viena, sob a perseguição desencadeada pelo Imperador Antonino Vero (História Eclesiástica V,1,1-63). Outra notícia datada a respeito de Irineu foi de uma carta enviada ao bispo de Roma, Vítor (189-199 d.C.), em relação à excomunhão às Igrejas da Ásia que celebravam a Páscoa segundo a data hebraica e não em um domingo. Depois deste fato os relatos históricos sobre a vida de Irineu tornaram-se incipientes, sua morte possivelmente tenha sido em 200 ou 202 d.C.

Irineu de Lião foi considerado, dentro dos estudos patrísticos, o elo entre o século II d.C. e III d.C., ou melhor, um intermédio entre os padres apostólicos e as escolas teológicas. "A figura de Irineu interessa por muitos aspectos, e singularmente por sua privilegiada situação – espacial e cronológica – entre as Igrejas do Oriente e Ocidente" (ORBE, 1969, p. 3). Como heresiólogo foi inestimável, pois tem a melhor teologia heterodoxa dos dois primeiros séculos, e desmascarou o caráter pseudo-cristão da gnose. Como teólogo, foi o fundador da teologia cristã, sem deixar-se seduzir pela especulação,

> a ciência infla, mas a caridade edifica. Com efeito, não há orgulho maior do que se julgar melhor e mais perfeito do que o próprio criador, modelador, doador do hálito de vida

e do próprio ser. É melhor, repito, que alguém não saiba absolutamente nada, sequer um motivo do por que foram criadas as coisas e acreditar em Deus e perseverar no amor do que encher-se de orgulho por motivo desta pretensa ciência e afastar-se deste amor que vivifica o homem. É melhor não querer saber nada a não ser Jesus Cristo, o Filho de Deus, que por nós foi crucificado, do que, por causa da sutileza das questões e das muitas palavras, cais na negação de Deus. (*Adversus haereses*, II, 26,1)

Mesmo tendo receio pela teologia especulativa, Irineu foi o primeiro a formular com termos dogmáticos toda a doutrina cristã. Seu pensamento abarcou todo o conjunto da teologia dogmática e o seu domínio das Escrituras[2], citando muitos dos textos da *Septuaginta*, referente ao Antigo Testamento, e todos os livros neotestamentários[3]. Muitas foram as obras de Irineu de Lião, escritas em grego, sua língua materna, mas a principal delas foi a *Denúncia e refutação da falsa gnose* (Ελεγχος καί άνατροπή της ψευδονόμου γνώσεως), mais conhecida como *Adversus haereses* (Contra as heresias), na qual Irineu dedica-se a combater as controvérsias da época, de modo especial as diversas teorias gnósticas. O texto original contém cinco livros, escritos depois do ano de 180 d.C., sendo os três primeiros no período de Eleutério (175-189) e os outros dois livros no período de Vítor (189-198), ambos bispos de Roma. O texto original perdeu-se, mas uma versão latina da obra, traduzida por volta do século III ou IV, continuou existindo, além de muitos trechos e até livros completos em textos de outros

---

[2] Termo cunhado pelo próprio Irineu de Lião para dizer o conjunto do Antigo e do Novo Testamento.
[3] "É impressionante a cultura bíblica de Irineu citando praticamente todos os livros bíblicos, com exceção apenas de Ester, Crônicas, Eclesiastes, Cântico dos cânticos, Jó, Abdias e Macabeus (do AT), e Filemon e 2 Carta de João (do NT)" (H. Ribeiro, p. 16, in: Irineu de Lião, Contra as heresias, Paulus, 1995).

autores patrísticos (MORESCHINI e NORELLI, 2014, p. 311; QUASTEN, 2004, p. 288-289).

A obra foi endereçada a um "caríssimo amigo" (*Adversus haereses*, prefácio, 2), que por diversas vezes foi citado no decorrer das argumentações, mas Irineu não apresentou nem o nome e muito menos a localidade desse destinatário. Mas durante todo o desenvolvimento dos cinco livros, Irineu dirigiu-se a ele, que sempre foi referido como uma pessoa, pois foi utilizado o singular, mas dele a obra ganharia maior eco, como ficou claro no prefácio do quinto livro:

> Anuímos ao teu pedido, porque somos encarregados do ministério da palavra e nos esforçamos de todas as formas, segundo a nossa capacidade, por apresentar-te o maior número possível de subsídios para contrabater os hereges, converter os que se afastaram e reconduzi-los à Igreja de Deus e, ao mesmo tempo, confirmar os neófitos para que se mantenham firmes na fé que receberam intacta da Igreja, para que de forma nenhuma se deixem corromper pelos que tentam ensinar-lhes o erro e afastá-los da verdade. (*Adversus haereses* V, prefácio)

Esse trecho ressaltou bem o caráter prático da obra, ou seja, Irineu escreveu em virtude dos ensinamentos (*gnosis*) – de Valentin e dos seus discípulos, além das atuações de Marcos, o mago, e seus seguidores, dos quais serão comentados nas próximas páginas –, que estavam se espalhando pelo cristianismo. Sendo assim, "o caráter prático é o objetivo dessa obra: defender o *depositum fidei* com os heréticos (sobretudo os gnósticos), e expor com clareza aos fiéis o 'cânon imutável da verdade'" (RIBEIRO, 1995, p. 11-12).

Encarnação do Filho de Deus e recapitulação[4] do gênero humano

Irineu ao descrever a Encarnação do Filho de Deus no mundo, segundo a proposta dos gnósticos – valentinianos (I,7,2) e barbelognósticos (I, 30,11-14) –, mostrou uma formulação docetista da doutrina cristã. Ou seja, o termo docetismo foi tirado do verbo 'parecer' (*dokein*) e designava uma forma de interpretação presente no cristianismo nascente, mas contrária à visão escriturística e teológica que se desenvolveu a partir deste momento. O docetismo "consiste em só admitir em Cristo Salvador uma simples 'aparência' (*dokèsis*) de corpo humano" (BRAUN, 2004, p. 567).

Essa forma de interpretação da pessoa de Jesus Cristo, dentro do cristianismo nascente, teve sua origem nas doutrinas gnósticas. Essas afirmavam que o Salvador era composto por dois homens: um psíquico, o Cristo, que era o filho do Demiurgo, que o gerou no seio virginal de Maria para que ele fosse o mais sábio e puro, fora anunciado pelos profetas vetero testamentários e precedido por João Batista, o filho da estéril, e este Cristo era de índole racional; o outro pneumático, filho do Espírito (Acamot, Sabedoria) e procedia diretamente do Pai (Profundeza). A chegada ao mundo material se deu a partir do batismo de Jesus, quando a pomba (homem pneumático) pairou sobre o homem psíquico e a partir daí Jesus começou a executar milagres, e sinais, e anunciar o Proto-Pai. Mas essa união durou até a crucifixão, na qual quem sofreu e morreu foi o homem psíquico, pois o pneumático retornou ao Pleroma (ORBE, 1988, p. 509-516).

---

[4] "A doutrina da recapitulação, tomada de Ef 1,20, reafirma que Cristo encarnando-se fez-se cabeça (*caput*), concentrou em si, re-capitulou na sua pessoa toda a criação. Antes do pecado, tudo estava harmoniosamente dirigido para Deus. Agora Cristo, representando individual e coletivamente a criação toda, restabelece por sua imortalidade a incorruptibilidade, a harmonia universal – que atingirá sua plenitude na ressurreição e na visão de Deus" (RIBEIRO, 2013, nota 202).

Essa forma de interpretar as Escrituras e a doutrina cristã, em gestação nesses primeiros séculos, era

> a reação de um pensamento helenístico marcado pelo dualismo e preocupado em salvaguardar a transcendência e a incorruptibilidade do divino frente à matéria, reputada como princípio contrário. Cristo, ser espiritual, não podia ter vindo na "carne" mas só como espírito que tomou a aparência da "carne" (BRAUN, 2004, p. 567).

Buscando apresentar a doutrina da Encarnação do Verbo, Irineu – precedido pelos padres apostólicos e por Justino, e seguido por Tertuliano – demonstrou, a partir da *regula fidei*, que essa espiritualização exagerada de Jesus Cristo não seria a interpretação correta da Escrituras a respeito da verdadeira encarnação e do histórico ato redentor. Colocando-se, assim, em oposição ao dualismo da filosofia helenista e a desvalorização da carne. Irineu afirmou "por amor imensurável Jesus Cristo se tornou o que nós somos, para que ele nos aperfeiçoasse naquilo que ele é" (*Adversus haereses* V, prefácio), ou ainda, "era necessário que o Mediador entre Deus e os humanos, por seu próprio parentesco com ambos, para amizade e concórdia, reunisse ambos e levasse Deus a aceitar o ser humano e este a se entregar a Deus" (*Adversus haereses* III,18,7). A divindade de Jesus Cristo não foi diminuída com a encarnação, mas sim a matéria humana foi divinizada (MÜLLER, 2004, p. 8-10).

A maternidade virginal de Maria em Irineu de Lião

Irineu de Lião, em sua argumentação contrária, não somente à proposta docetista dos gnósticos, mas também enfatizando tudo que decorre disso e que é contra a *regula fidei*, principalmente a salvação que o Cristo nos trouxe, no escopo destas explanações apresenta algumas argumentações sobre a Virgem Maria, a Mãe de Jesus. Principalmente sobre a maternidade virginal de Maria, e também sua participação, como mãe do Filho de Deus, no projeto de recapitulação empreendido por Jesus Cristo.

Para Irineu de Lião, o fato de Jesus ter nascido de Maria não diminuía sua divindade, mas sim era um sinal para a humanidade da Encarnação do Verbo de Deus, "é, portanto, o Filho de Deus nosso Senhor, Verbo do Pai e ao mesmo tempo Filho do homem, que de Maria, nascida de criaturas humanas e ela própria criatura humana, teve nascimento humano, tornando-se Filho do homem" (*Adversus haereses*, III,19,3). E esse sinal de Deus não se manifestou em Maria por dignidade dela, mas por escolha de Deus, "foi, portanto, Deus que se fez homem, o próprio Senhor que nos salvou, ele próprio que nos deu o sinal da Virgem" (*Adversus haereses*, III,21,1).

Outro argumento apresentado por Irineu é o paralelismo Adão, criado por Deus, e Jesus o Filho de Deus, e mostrando que a terra virgem que gerou o que se deixou conduzir pelo pecado também foi de uma terra virgem, Maria, que Deus resgatou a humanidade. "E como a substância de Adão, o primeiro homem, foi tirada da terra simples e virgem e foi modelado pela mão de Deus, isto é, pelo Verbo de Deus (...). Assim o Verbo que recapitula em si Adão, recebeu de Maria, ainda virgem, a geração da recapitulação de Adão" (*Adversus haereses*, III,21,10). Mas não só o estado físico da virgindade é ressaltado por Irineu, mas também o exercício da confiança, do ouvir a voz de Deus e confiar no seu chamado. Sendo assim, Irineu ressalta a obediência de Maria, em contraposição à desobediência de Adão e Eva: "Como pela desobediência de um só homem muitos foram constituídos pecadores e perderam a vida, assim pela obediência de um só homem, que foi o primeiro e nasceu da Virgem, muitos foram justificados e receberam a salvação" (*Adversus haereses*, III,18,7).

Se em Adão e Eva toda a criação foi conduzida à desobediência e ao pecado, em Maria e no Filho de Deus, a obediência trouxera à criação uma nova 'cabeça', um novo redentor que recapitularia, pela sua Encarnação, vida, paixão, morte e ressurreição, a humanidade ao encontro do Pai criador.

> Da mesma forma encontramos Maria, a Virgem obediente, que diz: "Eis a serva do Senhor, faça-se em mim segundo a tua palavra", e, em contraste, Eva, que desobedeceu quando ainda era virgem. (...) pela sua desobediência se tornou para si e para todo o gênero humano causa da morte, assim Maria, tendo por esposo quem lhe fora predestinado e sendo virgem, pela sua obediência se tornou para si e para todo o gênero humano causa de salvação. (*Adversus haereses*, III,22,4)

Maria não foi colocada, na obra de Irineu, como protagonista da Recapitulação e Redenção, pois esta foi obra do próprio Deus através do seu Filho. Maria é criatura na qual Deus encontrou graça, e na *Adversus haereses* reforça sempre essa escolha de Deus quando retrata a obra salvífica do Filho. "Ignorando o Emanuel, nascido da Virgem, são privados do seu dom, que é a vida eterna, e não recebendo o Verbo da incorruptibilidade, permanecem na carne mortal, devedores da morte, sem antídoto da vida" (*Adversus haereses*, III,19,1). "Este é o motivo pelo qual o próprio Senhor deu o Emanuel, nascido da Virgem, como sinal da nossa salvação, porque era o próprio Senhor que salvava os que não se podiam salvar sozinho" (*Adversus haereses*, III,20,3).

Portanto para Irineu o projeto de Deus, a economia da salvação realizada por Cristo, encontrou em Maria aquela que recebeu a Boa-Nova da boca do Anjo e trouxe Deus em seu seio, obedecendo a sua palavra. Tornando-se, assim, a Virgem obediente, advogada da geração pecadora iniciada por Eva. Se no paraíso reinou a desobediência, em Maria, Virgem e obediente, disposta a acolher e gestar a palavra de Deus em seu ventre, o Redentor trouxe ao mundo o projeto salvífico do Pai (*Adversus haereses*, V,19,1). Em Irineu é possível compreender a necessária participação de Maria na economia da salvação, não por capacidade ou escolha própria, mas o próprio Deus, que no seu Filho Jesus empreende a obra salvífica, quis adentrar a história humana participando diretamente dele, e Maria, na sua maternidade virginal, é resposta à vontade de Deus.

A bem-aventurada Virgem Maria, Mãe de Deus na *Lumen gentium*

O Concílio Vaticano II quis, ao trazer no capítulo oitavo do documento sobre a Igreja, expor a doutrina da Igreja sobre a Santíssima Virgem Maria, no mistério Redentor de seu Filho Jesus Cristo. Mas esse capítulo não teve de início ampla aceitação, pois primeiramente era um documento independente, mas no segundo período do Concílio, depois de uma votação claramente equilibrada, pois de 2.193 padres votantes, 1.114 foram favoráveis e

1.074 contrários à inserção, ou seja, somente 17 votos a mais que o necessário para a aprovação. Mas dessa sessão, até a aprovação do documento sobre a Igreja, o tema da Bem-aventurada Virgem Maria, Mãe de Deus, no mistério de Cristo e da Igreja, sempre foi presente dentro do documento. Tanto os que tendiam ao minimalismo mariológico, como ao maximalismo, compreenderam a importância e a novidade que essa inserção apresentava, pois assim o Concílio colocou em relevo a inserção orgânica da pessoa e da missão de Maria nos desígnios salvíficos de Deus, na história da salvação (BARAÚNA, 1965, p. 1157-1159).

O item segundo, do capítulo VIII da *Lumen gentium*, apresenta o entendimento do Concílio sobre a Virgem Maria no plano da salvação, enfatizando que nela e por ela é inaugurada a nova economia salvífica prometida no Antigo Testamento: "Enfim, com ela, filha excelsa de Sião, após a longa espera da promessa, atingem os tempos a sua plenitude e inaugura-se a nova economia, quando o Filho de Deus assume dela a natureza humana, para mediante os mistérios da sua carne libertar o homem do pecado" (*Lumen gentium*, 2003, n. 55).

Sendo assim, Maria não é um instrumento passivo nas mãos de Deus, mas sim cooperou na salvação da humanidade pela sua fé livre, pela sua obediência à voz do Senhor e pela acolhida generosa do Verbo de Deus no seu ventre (*Lumen gentium*, 2003, n. 56). "Esta união da Mãe com o Filho, na obra da redenção, manifesta--se desde o momento em que Jesus Cristo é concebido virginalmente, até a sua morte" (*Lumen gentium*, 2003, n. 57).

O Concílio confirma a pertinência de Maria como filha de Adão, como a raça que aguarda indigentemente a salvação de Deus. Mas por escolha de Deus "o múnus salvífico da Mãe de

Deus aparece assim desde o início como uma obra-prima de Deus, o triunfo pleno da sua graça em uma criatura em si mesma impotente, mas cuja grandeza está em ter-se deixado assumir totalmente pelo influxo salvífico divino" (BARAÚNA, 1965, p. 1163).

Conclusão

Esta comunicação, que tem o intuito de apresentar uma parte da pesquisa de doutorado em andamento sobre os pontos de eclesialidade na obra de Irineu de Lião e sua correlação com a *Lumen gentium*, pode, ainda que inicialmente, concluir que a doutrina sobre a Virgem Maria, Mãe do Filho de Deus, tanto no documento conciliar como na *Adversus haereses*, busca realçar a maternidade de Maria, não 'como a água que passa pelo cano', como afirmavam os gnósticos. Mas, sim, em ambas as obras fica explícita a presença ativa de Maria, que na sua maternidade divina, também colabora na economia salvífica de Deus. Ela soube, como filha de Sião, de origem adâmica, acolher o chamado de Deus e trazer ao mundo o grande projeto de amor do Pai, seu Filho unigênito para resgatar a humanidade decaída no pecado. Como afirma Irineu: "da mesma forma, o nó da desobediência de Eva foi desatado pela obediência de Maria, e o que Eva amarrara pela sua incredulidade Maria soltou pela sua fé" (*Adversus haereses*, III,22,4).

A obediência de Maria, não só ao chamado do Anjo, mas também em todo o período da vida de seu Filho, do nascimento à cruz, soube ser terra virgem e nova para acolher a Boa-Nova do Reino, assim cooperar com a Igreja, que nascia na compreensão e acolhimento do projeto salvífico inaugurado por Jesus Cristo. Sua atividade não suplanta a totalidade do mistério único e irrepetível do Filho de Deus, que em si salvou a humanidade, mas também, como terra virgem e fecunda nas mãos do Pai, vence a serpente do Paraíso e torna-se instrumento de salvação, pois conduz a Igreja nascente a compreender o projeto do Reino de Deus e a ação do Espírito, do qual ela foi plena e fecunda.

Portanto, a Maternidade Virginal de Maria está diretamente inserida no desígnio de Deus que no seu querer benevolente escolheu tal serva para Mãe do Seu Filho, também assim possibilitou que ela participasse da nova economia da salvação: como Mãe, como serva, como terra virginal e disponível ao projeto Redentor do Pai.

Referências bibliográficas

IRINEU DE LIÃO. *Contra as heresias*. São Paulo: Paulus, 1995.
IRENEO DI LEONE. *Contro le eresie, volume 1*. Roma/Itália: Città Nuova Editrice, 2009
_____. *Contro le eresie, volume 2*. Roma/Itália: Città Nuova Editrice, 2009
BARAÚNA, Guilherme. *A Igreja do Vaticano II*. Tradução de Frederico Vier. Petrópolis-RJ: Vozes, 1965.
BRAUN, René. Verbete Docetismo. *In: DICIONÁRIO CRÍTICO DE TEOLOGIA*. São Paulo: Edições Loyola, 2004, p. 567-568.
CONCÍLIO VATICANO II. *Lumen gentium*. São Paulo: Paulinas, 2003.
DROBNER, Hubertus R. *Manual de Patrología*. Tradução de Víctor Abelardo Martínez de Lapera. Barcelona, Espanha: Herder, 2001.

EUSÉBIO, bispo de Cesaréia. *História Eclesiástica*. São Paulo: Paulus, 2000.
MORESCHINI, C. e NORELLI, E. *História da Literatura Cristã Antiga grega e latina: I - de Paulo à era Constantiniana*. Tradução de Marcos Bagno. São Paulo: Loyola, 2014.
MÜLLER, Ulrich B. *A encarnação do Filho de Deus*. São Paulo: Edições Loyola, 2004.
ORBE, Antonio. *Teología de san Ireneo*. Volume II. Madrid: BAC, 1987.
ORBE, Antonio. *Teología de san Ireneo*. Volume III. Madrid: BAC, 1988.
ORBE, Antonio. *Antropologia de San Ireneo*. Madrid: BAC, 1969.
QUASTEN, Johannes. *Patrologia I: hasta el concilio de Nicea*. Madrid, Espanha: BAC, 2004.
RIBEIRO, Helcion. Introdução, notas e comentários, in: IRINEU DE LIÃO. *Contra as heresias*. São Paulo: Paulus, 1995, p. 9-27.

EPÍLOGO

A MÃE DE JESUS NO EVANGELHO DE JOÃO

Dom Francesco Biasin[1]

1. Comparando João com os evangelhos sinóticos

a) Os quatro Evangelhos na História

O evangelho de Marcos foi escrito em torno do ano 70, a uma distância de 40 anos das palavras e dos gestos de Jesus de Nazaré. Marcos começa o seu evangelho com a pregação de João Batista (Mc 1,2-8). *Ele situa Jesus na vida das comunidades.*

O evangelho de Mateus foi escrito por volta do ano 85, a uma distância de 55 anos dos fatos narrados. Mateus começa o seu evangelho com a lista dos nomes dos avôs e avós de Jesus (Mt 1,1-17) e diz que Jesus é descendente de Davi e de Abraão (Mt 1,1.17). *Ele situa Jesus na história do povo hebreu.*

O evangelho de Lucas foi escrito em torno do ano 90, a uma distância de 60 anos dos fatos. Lucas começa seu evangelho com o anúncio do nascimento de João Batista (Lc 1,5-25) e informa que Jesus é descendente de Abraão e de Adão (Lc 3,34.38). *Ele situa Jesus na história da humanidade.*

O evangelho de João foi escrito em torno do ano 100, a uma distância de 70 anos dos acontecimentos. João começa o seu evangelho dizendo: "No princípio era a Palavra (Verbo)". *João coloca Jesus antes da Criação e o situa como princípio e fim de todas as coisas.*

---
[1] Dom Francesco Biasin é bispo da diocese de Barra do Piraí-Volta Redonda, RJ.

b) A raiz comum transparece no evangelho de João
Apesar de diferente, o Jesus apresentado no evangelho de João é o mesmo Jesus dos Sinóticos. Várias narrações de João sobre a vida pública de Jesus são semelhantes aos sinóticos. Isso mostra que os quatro evangelhos bebem de uma mesma fonte comum. Dessa tradição comum vieram, entre outros, os seguintes textos de João: o testemunho de João Batista (Jo 1,19-34), a purificação do templo (Jo 2,13-16), a cura do filho do oficial romano (Jo 4,46-54), a multiplicação dos pães (Jo 6,1-13), a caminhada de Jesus sobre as águas (Jo 6,16-21), a unção em Betânia (Jo 12,1-8), a entrada em Jerusalém (Jo 12,12-19), o anúncio da traição de Judas (Jo 13,21-30) e a Paixão e a Ressurreição (Jo 18 a 20).

c) Tirando Raio-X
Apesar de beber da mesma fonte que os sinóticos, há muitas diferenças na maneira de João narrar os acontecimentos. Por exemplo, os sinóticos narram vinte e oito milagres distintos. João só traz sete milagres, que ele chama de "Sinais". Desses sete, só três se encontram nos sinóticos. Os outros quatro são exclusivos de João: as bodas de Caná (Jo 2,1-11); a cura de um paralítico na piscina de Siloé (Jo 5,1-9); a cura de um cego de nascimento (Jo 9,1-7), e a ressurreição de Lázaro (Jo 11,1-44).

Selecionando esses "sinais", o evangelho de João faz muito mais do que simplesmente narrar milagres. Ele amplia os fatos para revelar Jesus como sendo *o rosto único e definitivo do Pai*. Dessa maneira, o evangelho de João busca clarear a frase de Jesus: "Quem me vê, vê o Pai" (Jo 14,9). Quando levantamos contra a luz a radiografia de Jesus feita pelo evangelho de João, vemos o rosto do Pai. Em resumo, os sinóticos tiram fotografia dos milagres. João tira foto e Raio-X, ao mesmo, revelando o seu sentido profundo e divino, aquele que só a fé enxerga através do Espírito (Jo 14,26; 16,13).

2. Maria na Bíblia

Na Bíblia, fala-se muito pouco de Maria, e ela mesma fala menos ainda. Ao todo, a Bíblia conservou apenas seis frases de Maria. Só! Nada mais! Mas cada uma daquelas seis palavras ou frases é uma janela que permite a gente olhar para dentro da vida de Maria e descobrir como ela se relacionava com a Palavra de Deus. Aquelas seis palavras ensinam como descobrir a Palavra de Deus, como ruminá-la e encarná-la em nossas vidas. Pois, melhor do que qualquer outra pessoa, Maria soube ruminar e encarnar a Palavra de Deus em sua vida.

Essas seis palavras foram pronunciadas em quatro encontros diferentes: duas no encontro de Maria com o Anjo Gabriel; uma no encontro de Maria com sua prima Isabel; uma no encontro de Maria com Jesus no Templo e duas na festa de casamento em Caná.

1ª Palavra: "Como pode ser isso, se eu não conheço homem algum?"

2ª Palavra: "Eis aqui a serva do Senhor, faça-se em mim segundo a tua palavra!"

3ª Palavra: "Minha alma engrandece o Senhor, exulta meu espírito em Deus meu Salvador!"

4ª Palavra: "Meu filho, por que fizeste isso conosco? Teu pai e eu, aflitos, te procurávamos"

5ª Palavra: "Eles não têm mais vinho!"
6ª Palavra: "Fazei o que ele vos disser!"

3. Maria no Evangelho de João

a) Os dois textos:

Apesar de não ser chamada pelo nome próprio, "a Mãe de Jesus" aparece duas vezes no evangelho de João: no começo, nas bodas de Caná (Jo 2,1-5), e no fim, ao pé da Cruz (Jo 19,25-27).

b) Breve comentário

1º Texto: João 2,1-13: Caná da Galileia

No evangelho de João, o início da vida pública de Jesus acontece em uma festa de casamento que é sempre um momento de muita alegria e de muita esperança. Por isso mesmo, o casamento em Caná tem um sentido simbólico muito forte. Na Bíblia, casamento significa a realização do perfeito relacionamento entre Deus e o povo, as núpcias definitivas.

O texto começa dizendo: *"No terceiro dia!"* ou *"três dias depois"* (Jo 2,1). No capítulo anterior, João já tinha repetido três vezes a expressão *"No dia seguinte"* (Jo 1,29.35.43). Fazendo os cálculos, isto oferece o seguinte esquema para o início da atividade de Jesus:

No 1º dia, acontece o testemunho de João Batista a respeito de Jesus (Jo 1,19-28).

No 2º dia, dá-se o batismo de Jesus (Jo 1,29-34).

No 3º dia, acontece o chamado dos dois discípulos e de Pedro (Jo 1,35-42).

No 4º dia, Jesus chama Filipe, e Filipe chama Natanael (Jo 1,43-51).

No 7º dia, isto é, *"três dias depois"* do chamado de Filipe, dá-se o *sinal* das bodas de Caná (Jo 2,1).

Para os judeus, o 7º dia da semana é o sábado, o dia do descanso. No Antigo Testamento se usa o esquema da *semana* para apresentar a criação. Nos primeiros seis dias, Deus criou o mundo e a humanidade, chamando-os pelo nome. No sétimo dia, descansou e não trabalhou mais (Gn 2,1-4). João usa o mesmo esquema da *semana* para apresentar o início da atividade de Jesus. Nos primeiros seis dias, Jesus chama as pessoas e cria a comunidade, a nova humanidade. No sétimo dia, isto é, no sábado, Jesus não descansa, mas faz o primeiro sinal nas bodas de Caná.

Ao longo dos capítulos seguintes, de 2 até 19 inclusive, ele realiza mais sete sinais, todos em dia de sábado (Jo 5,16; 9,14-16), como se fosse um sábado prolongado:

– Primeira Páscoa e retorno na Galileia, através da Judeia e da Samaria, concluído com o segundo sinal em Caná: a cura do filho do funcionário do rei (Jo 2,13–4,54).

– Segunda festa, talvez Pentecostes: sinal da cura do enfermo de Betesda (Jo 5).

– Outra Páscoa: sinal da multiplicação dos pães e do caminho sobre as águas do mar da Galileia (Jo 6).

– Festa das Tendas, em outono: sinal da cura do cego de nascença (Jo 7,1 - 10,21).

– Festa da Dedicação, durante o inverno. Sinal: a ressurreição de Lázaro (Jo 10,22 - 11,54)

– Semana da Paixão. Chegou "a hora" de Jesus (Jo 11,55 - 18,27).

– Última Páscoa. Sinal da elevação na cruz e do golpe de lança que faz nascer a Igreja (Jo 18,28 - 19,42).

Depois daquele sábado prolongado dos sete sinais, já na madrugada do dia seguinte, quando Maria Madalena vai ao sepulcro, João diz: "No primeiro dia da semana" (Jo 20,1). É o primeiro dia da nova criação! Através da atividade de Jesus, realizada entre as bodas de Caná e a morte na Cruz, o Pai completou o que faltava na velha criação, para que pudesse surgir a nova criação na ressurreição de Jesus. Acusado por estar trabalhando no sábado, Jesus respondia: "Meu Pai trabalha sempre, por isso eu também trabalho!" (Jo 5,17).

O *primeiro* desses sete sinais é a mudança da água das purificações dos judeus em vinho para a festa do casamento. Na maneira de descrever os sinais, aparece como o evangelho de João tira um Raio-X das palavras e gestos de Jesus. Ele acentua a dimensão simbólica e, assim, ajuda a gente a penetrar mais profundamente no mistério da pessoa e da mensagem de Jesus.

– João 2,1-2: *Festa de casamento. Jesus é o convidado.* No Antigo Testamento, a festa de casamento era um símbolo do amor de Deus para com seu povo. É em uma festa assim, ao redor da família e da comunidade, que Jesus vai realizar o seu primeiro sinal. A mãe de Jesus está na festa. Ela simboliza aqui o Antigo Testamento e ajuda a fazer a passagem do Antigo para o Novo. Jesus também está, mas como convidado. Ele não faz parte do Antigo Testamento. Junto com seus discípulos ele é o Novo Testamento que vem chegando.

– João 2,3-5: *Jesus e sua mãe diante da falta de vinho.* No meio da festa o vinho acaba. A velha aliança já não era capaz de gerar alegria e vida nova. A observância das leis da purificação dos judeus, simbolizada pelos seis potes vazios, tinha esgotado as suas possibilidades. A mãe de Jesus, o próprio

Antigo Testamento, reconhece os limites do Antigo e toma as iniciativas, para que o Novo possa se manifestar. Ela chega perto de Jesus e constata: *"Eles não têm mais vinho!"* Essa palavra, vinda do Antigo Testamento, desperta em Jesus a ação que fará nascer o Novo. Jesus diz: *"Mulher, que há entre mim e ti?"* Ou seja, qual a ligação entre o Antigo e o Novo? *"Minha hora ainda não chegou!"* A *hora* de Jesus, na qual se fará a passagem do Antigo para o Novo, é a sua paixão, morte e ressurreição. Maria responde aos empregados: *"Fazei o que ele vos disser!"* É fazendo o que Jesus ensina, que se passa do Antigo para o Novo! A mudança da água para o vinho é o começo das dores de parto. O nascimento só vai acontecer no dia da ressurreição.

– João 2,6-8: *Jesus e os empregados*. A recomendação da Mãe de Jesus aos empregados é o último grande recado do Antigo Testamento: *"Fazei o que ele vos disser!"* O Antigo Testamento aponta para Jesus. Daqui para frente são as palavras e gestos de Jesus que vão dar rumo à vida do povo. Jesus chama os empregados e manda encher de água os seis potes vazios. Ao todo mais de 600 litros! Em seguida, manda tirar e levar ao mordomo. As iniciativas de Maria e de Jesus acontecem à revelia dos donos da festa. Nem Jesus, nem sua mãe, nem os empregados eram os donos. Nenhum deles foi pedir licença aos donos da festa para fazer o que fizeram! A renovação passa por pessoas que não pertencem ao centro do poder.

– João 2,9-10: *A descoberta do sinal pelo dono da festa*. O mordomo provou a água transformada em vinho e disse ao noivo: "Todos servem primeiro o melhor vinho. Mas tu guardaste o melhor vinho até o fim!". O mordomo, o Antigo Testamento, reconhece publicamente que o Novo é melhor! Onde antes havia água da purificação para os ritos dos judeus, agora tem vinho bom e abundante para a festa. Era muito vinho! Mais de 600 litros, e a festa já estava quase no fim! Qual o sentido dessa transformação? O que fizeram com o vinho que sobrou? Estamos bebendo até hoje!

– João 2,11-12: *Comentário do evangelista*. No Quarto Evangelho, este primeiro sinal de Jesus acontece para ajudar na reconstrução da família, da comunidade, para refazer as relações básicas entre as pessoas. Vão seguir outros sinais. João não usa a palavra *milagre*, mas sim a palavra *sinal*. A palavra *sinal* indica que as ações de Jesus em favor das pessoas têm um valor mais profundo, que só se descobre através do raio-X da fé. A pequena comunidade que se formou ao redor de Jesus durante aquela semana, vendo o sinal, foi capaz de perceber o significado mais profundo e "acreditou nele".

2º Texto: João 19, 25-30: ao pé da Cruz
João 19,25-27: *As mulheres e o Discípulo Amado junto à Cruz*
Perto da cruz estão três ou quatro mulheres. Entre elas a mãe de Jesus. Jesus entrega o Discípulo Amado a sua mãe, e entrega sua mãe ao Discípulo Amado. Esse episódio, mencionado somente pelo evangelho de João, tem um valor simbólico muito profundo. A mãe é chamada por Jesus de "mulher" (v. 26), termo não usual nas relações familiares, mas já presente na narração das bodas de Caná. Aqui também a mãe de Jesus representa o Antigo Testamento e representa Eva, a mãe de todos os viventes.

O Discípulo Amado representa o Novo Testamento, a comunidade que nasceu e cresceu ao redor de Jesus. Representa também a nova humanidade que se forma a partir da vivência do Evangelho. Os dois se complementam.

Trata-se do "tipo"-modelo de discípulo, discípulo perfeito, fiel até a cruz, testemunha do mistério profundo e testemunha do "sangue e água" que jorraram do lado transpassado do Crucificado. A partir da "hora" da cruz, o discípulo acolhe a mãe "entre as suas coisas próprias" (eis tà ídias). No vocabulário do quarto evangelho a expressão tem o sentido de "mundo vital, ambiente existencial".

"Significa que a mãe entra no mais profundo da vida do discípulo e passa a ser parte inseparável dele como bem e valor irrenunciáveis" (Bruno Forte, *Maria, a mulher ícone do mistério*. Edições Paulinas. São Paulo 1991, p. 91).

João 19,28-30: *Jesus entrega o espírito e morre*
No Evangelho de João, a descrição da morte de Jesus é feita com muita solenidade. Pois quem morre é o Senhor da vida, consciente da missão que tinha recebido do Pai. João evoca as palavras do início do *Livro da Glorificação*: "Sabendo Jesus que estava tudo consumado" (cf Jo 13,1). Jesus tinha vindo da parte do Pai e agora, realizada a missão que lhe tinha sido entregue, ele volta para junto do Pai. E para cumprir a Escritura até o último detalhe e nada ficar sem cumprimento, ele diz: "Tenho sede!" Isso se refere ao salmo, onde se diz: "Na minha sede me deram vinagre para beber" (Sl 69,22). Um soldado ensopou uma esponja no vinagre, encostou na boca de Jesus e ele bebeu. Assim, após ter realizado tudo como o Pai queria, Jesus, ele mesmo, determi-

na a hora da partida. Ele inclinou a cabeça e entrega o Espírito. Aqui termina a antiga criação e nasce a nova. "Se o grão de trigo que cai na terra não morrer, permanecerá só; mas se morrer, produzirá muito fruto" (Jo 12,24).

a) A Mãe de Jesus no Evangelho de João

Nos dois textos acima citados e comentados Maria representa o Antigo Testamento que aguarda a chegada do Novo e, nos dois casos, contribui para que o Novo chegue. Maria é o elo entre o que havia antes e o que virá depois. Em Caná, é ela, a mãe de Jesus, símbolo do Antigo Testamento, que percebe os limites do Antigo e dá os passos para que o Novo possa chegar.

Na hora da morte, é novamente ela, a mãe de Jesus, que acolhe o "Discípulo Amado". O Discípulo Amado é a Comunidade que cresceu ao redor de Jesus, é o filho que nasceu do Antigo Testamento. A pedido de Jesus, o filho recebe a Mãe consigo, o Novo Testamento recebe o Antigo. Os dois devem caminhar juntos. Pois o Novo não se entende sem o Antigo. Seria um prédio sem fundamento. E o Antigo sem o Novo ficaria incompleto. Seria uma árvore sem fruto.

Como em Caná, Maria não é designada pelo seu próprio nome; ela é apresentada como "a Mãe de Jesus". É o título da sua vocação que interessa ao evangelista, pois o texto evangélico termina chamando-a apenas e tão somente com o título de "mãe" (Jo 19,26), da mesma forma como aquele que era chamado "discípulo amado" no fim é chamado apenas com o título de " discípulo" (Jo 19,27). Parece assim que o evangelista queira frisar o caráter simbólico de Maria, Mãe de Jesus que afinal é chamada "a Mãe", como se esse título fosse o seu novo nome. Analogamente para "o discípulo".

Aos pés da cruz, tendo chegada a "hora", à qual tinha remetido sua mãe na ocasião das bodas de Caná, "a mãe de Jesus" se torna "a Mãe", isso é a figura da Igreja-Mãe, e "o discípulo amado" se torna "o Discípulo", a figura do fiel da Igreja. No evangelho de João, nem "a mãe", nem "o discípulo" tem um nome próprio: Maria e João, pois eles são caracterizados pela sua vocação.

O evangelista não tem interesse pela sua história pessoal e sim pela sua vocação pessoal, pela sua situação teológica no Evangelho, pela sua relação mística com Cristo e sua obra messiânica.

Conclusão: Santa Maria do povo

"Como na família humana, a Igreja-família é gerada ao redor de uma mãe, que confere 'alma' e ternura à convivência familiar. Maria, Mãe da Igreja, além de modelo e paradigma da humanidade, é artífice de comunhão. Um dos eventos fundamentais da Igreja é quando o 'sim' brotou de Maria. Ela atrai multidões à comunhão com Jesus e sua Igreja, como experimentamos muitas vezes nos santuários marianos. Por isso, como a Virgem Maria, a Igreja é mãe. Essa visão mariana da Igreja é o melhor remédio para uma Igreja meramente funcional ou burocrática" (DAp 268).

O Papa Francisco, quando esteve aqui neste Santuário nacional em 24 de julho de 2013, concluiu a sua homilia com as seguintes palavras: "Queridos amigos, viemos bater à porta da casa de Maria. Ela abriu-nos, fez-nos entrar e nos aponta o seu Filho. Agora ela nos pede: 'Fazei o que Ele vos disser' (Jo, 2,5). Sim, Mãe, nos comprometemos a fazer o que Jesus nos disser! E o faremos com esperança, confiantes nas surpresas de Deus e cheios de alegria. Assim seja".

"A história do Brasil parece um imenso andor de Nossa Senhora, carregado pelo povo humilde, através dos tempos. O povo não aparece, nem carrega placa de nome no peito. Faz questão é de ficar escondido, atrás do nome de Maria e atrás dos enfeites e das flores, que caem pelos lados do andor até o chão. O que aparece e deve aparecer é o nome e a imagem de Nossa Senhora, aclamada e invocada por milhares de vozes que, lá de baixo, choram e gritam sem parar, Ave, Maria! Carregando o andor de Nossa Senhora, o povo carrega pelas ruas a sua esperança de um dia poder chegar lá onde Nossa Senhora já chegou, isto é, gozar da liberdade total dos filhos de Deus. Carregando a imagem de Maria, o povo dá a todos a prova concreta de que, caminhando com Deus, é possível realizar essa esperança.
A história de Maria é a imagem da história do povo humilde. É uma história que ainda não terminou. Continua, até hoje, nas pequenas e grandes histórias deste povo, que anda escondido de baixo do andor, rezando sem parar a Ave-Maria!" (MESTERS, 1989, p. 14).

Referência bibliográfica

MESTERS, Carlos. *Maria, a mãe de Jesus*. Petrópolis: Vozes, 1989.

A marca FSC® é a garantia de que a madeira utilizada na fabricação do papel deste livro provém de florestas que foram gerenciadas de maneira ambientalmente correta, socialmente justa e economicamente viável.

Este livro foi composto com as famílias tipográficas Caslon e Kabel
e impresso em papel offset 70g/m² pela **Gráfica Santuário**.